AF550542

Deutsche Phonetik für Ausländer

Edith Zeile

Edith Zeile

Deutsche Phonetik für Ausländer

Ein Lehr- und Übungsbuch

Shaker Media

Bibliografische Information der Deutschen Nationalbibliothek
Die Deutsche Nationalbibliothek verzeichnet diese Publikation in der Deutschen Nationalbibliografie; detaillierte bibliografische Daten sind im Internet über http://dnb.d-nb.de abrufbar.

Printed in Germany.

ISBN 978-3-95631-524-4

Shaker Media GmbH • Postfach 101818 • 52018 Aachen
Telefon: 02407 / 95964 - 0 • Telefax: 02407 / 95964 - 9
Internet: www.shaker-media.de • E-Mail: info@shaker-media.de

Inhalt

Vorwort **17**

Liste 1: Deutsche Sprachlaute (mit Schlüsselworten) **21**

I. Einleitung **23**
1. Allgemeines **23**
2. Phonetik **25**
a) Definition 25
b) Geschichte 26
c) Lautschrift 26

II. Sprachformen des Deutschen **29**
1. Allgemeines **29**
2. Geschichte **30**
3. Gegenwärtige Situation **34**
a) Idiolekt 34
b) Dialekt 34
c) Hochsprache 36
d) Umgangssprache 37

III. Sprechwerkzeuge **39**

IV. Klassifikation der Laute **43**
1. Passage der Luft **43**
2. Artikulationsmodus **44**
3. Artikulationsort **44**

V. Vokale **47**
1. Allgemeines **47**
2. Klassifikation **49**
a) Zungenposition 49
b) Lippenposition 50
c) Quantität 51
d) Akzentuierung 51

VI. Hinterzungenvokale **53**
1. Die a-Laute **53**
a) Allgemeines 53
b) [aː] 54
c) [a] 56
d) Besonderheiten 57
e) Übungen 58
2. Die o-Laute **60**
a) Allgemeines 60
b) [oː] 62
c) [o] 64
d) [ɔ] 65
e) Besonderheiten 67
f) Übungen 67
3. Die u-Laute **70**
a) Allgemeines 70

b) [u:] 71
c) [u] 73
d) [ʊ] = „Badewannen-u“ 74
e) Besonderheiten 75
f) Übungen 76

VII. Vorderzungenvokale **79**
1. Die i-Laute **79**
a) Allgemeines 79
b) [i:] 80
c) [i] 81
d) [ɪ] 82
e) Besonderheiten 84
f) Übungen 85
2. Die e-Laute **87**
a) Allgemeines 87
b) [e:] 88
c) [e] 90
d) [ɛ:] 91
e) [ɛ] 93
f) Besonderheiten 94
g) Übungen 95
3. Die ü-Laute **97**
a) Allgemeines 97
b) [y:] 98
c) [y] 99
d) [Y] **100**
e) Besonderheiten 102
f) Übungen 102

4. Die ö-Laute **104**
a) Allgemeines 104
b) [øː] 104
c) [ø] 106
d) [œ] 107
e) Besonderheiten 108
f) Übungen 108

VIII. Mittelzungenvokal **111**
1. Allgemeines **111**
2. [ə] **111**
a) Artikulation 111
b) Definition 112
c) Schreibung 112
d) Fehler 113
e) Übungen 113

IX. Nasalvokale **115**
1. Allgemeines **115**
2. Geschichte **115**
3. [ãː, ã, õː, õ, ɛ̃ː, ɛ̃, œ̃] **116**
a) Artikulation 116
b) Definition 117
c) Schreibung 117
d) Fehler 117
e) Besonderheiten 118
f) Übungen 118

X. Diphthonge **121**
1. Allgemeines **121**
2. [ai] **121**
a) Artikulation 121
b) Fehler 122
c) Schreibung 122
3. [au] **123**
a) Artikulation 123
b) Fehler 123
c) Schreibung 123
4. [ɔy] **124**
a) Artikulation 124
b) Fehler 124
c) Schreibung 125
d) Besonderheiten 125
e) Übungen 126

XI. Konsonanten **129**
1. Allgemeines **129**
2. Klassifikation der Laute **130**
a) Vokale / Konsonanten 130
b) Klassifikation der Konsonanten 131

XII. Nasale **133**
1. Allgemeines **133**
2. [m] **133**
a) Artikulation 133
b) Definition 134

c) Schreibung 134
d) Besonderheiten 134
3. [n] 135
a) Artikulation 135
b) Definition 135
c) Schreibung 135
d) Besonderheiten 136
4. [ŋ] 136
a) Artikulation 136
b) Definition 137
c) Schreibung 137
d) Fehler 137
e) Besonderheiten 138
e) Übungen 139

XIII. Explosivlaute 141
1. Allgemeines 141
2. [p] 142
a) Artikulation 142
b) Definition 142
c) Schreibung 142
3. [b] 143
a) Artikulation 143
b) Definition 143
c) Schreibung 144
4. [t] 144
a) Artikulation 144
b) Definition 144
c) Schreibung 145

5. [d] **145**
a) Artikulation 145
b) Definition 146
c) Schreibung 146
6. [k] **146**
a) Artikulation 146
b) Definition 147
c) Schreibung 147
7. [g] **148**
a) Artikulation 148
b) Definition 148
c) Schreibung 149
d) Fehler (alle Explosivlaute) 149
e) Besonderheiten 150
8. Übungen **151**
a) Transkription 151
b) Welche Explosivlaute kommen in folgenden Wörtern vor? 152
c) Lektüre 152

XIV. Frikativlaute **153**
1. Allgemeines **153**
2. [x] = „der ach-Laut“ **153**
a) Artikulation 153
b) Definition 154
c) Schreibung 154
d) Fehler 154

3. [ç] = „der ich-Laut“ **155**
a) Artikulation 155
b) Definition 155
c) Schreibung 155
d) Fehler 156
e) Besonderheiten 156
4. [j] = der „Berliner Laut“ **157**
a) Artikulation 157
b) Definition 157
c) Schreibung 158
d) Übungen 158
e) Lektüre 159
5. [s] **159**
a) Artikulation 159
b) Definition 160
c) Schreibung 160
6. [z] **161**
a) Artikulation 161
b) Definition 161
c) Schreibung 161
d) Übungen 162
e) Lektüre 163
7. [ʃ] **163**
a) Artikulation 163
b) Definition 163
c) Schreibung 164
d) Besonderheiten 164

8. [ʒ] **165**
a) Artikulation 165
b) Definition 165
c) Schreibung 165
d) Besonderheiten 166
e) Übungen 166
f) Lektüre 167
9. [f] **167**
a) Artikulation 167
b) Definition 168
c) Schreibung 168
d) Besonderheiten 169
10. [v] **169**
a) Artikulation 169
b) Definition 169
c) Schreibung 170
d) Übungen 170
e) Lektüre 171
11. [l] **171**
a) Artikulation 171
b) Definition 172
c) Schreibung 172
d) Besonderheiten 172
e) Übungen 173
f) Lektüre 173

XV. Die r-Laute [r, ɾ, R, ʁ] 175
1. Allgemeines 175
2. [r] = Zungenspitzen-r (mehrschlägig) 177
a) Artikulation 177
b) Definition 177
3. [ɾ] = Zungenspitzen-r (einschlägig) 178
a) Artikulation 178
b) Definition 178
4. [R] = Zäpfchen-r 179
a) Artikulation 179
b) Definition 179
5. [ʁ] 180
a) Artikulation 180
b) Definition 180
c) Schreibung 180
d) Besonderheiten 181
e) Übungen 182
f) Lektüre 182

XVI. Die glottalen Laute [h ʔ] 183
1. [h] = Hauchlaut 183
a) Artikulation 183
b) Definition 183
c) Schreibung 183
2. [ʔ] = „Knacklaut“ 184
a) Artikulation 184
b) Definition 184
c) Gebrauch 184

d) Übungen 185
e) Lektüre 185

XVII. Phonetische Prozesse 187
1. Allgemeines 187
2. Prozesse 187
a) Assimilation 187
b) Elision 188
c) Geminatenreduktion 188
d) Schwache Formen 188

XVIII. ÜBUNGEN + SCHLÜSSEL 191
I. Vokale 191
1) Phonetisches Diktat 191
2) Transkription (S) 192
II. Konsonanten 192
1. Phonetisches Diktat (S) 192
2. Transkription (nur Symbole der Konsonanten) (S) 193
3. Transkription (alle Laute) (S) 193

SCHLÜSSEL 195
I. Vokale 195
1. Phonetisches Diktat 195
2. Transkription 195
II. Konsonanten 196
1. Phonetisches Diktat 196
3. Transkription (alle Laute) (S) 197

Anmerkungen **199**

Literatur **201**

Vorwort

Wer die Möglichkeit hat, ein fremdes Land zu besuchen, und voll hochgesteckter Erwartungen fremden Boden betritt, erlebt zunächst einen Schock: Man bringt Sprachkenntnisse mit, hofft, wenn nicht fließend zu sprechen, so doch verstehen zu können, und erlebt das Unerwartete: Man wird kaum verstanden, und man versteht kaum.

Spätestens jetzt erkennt man, wie wichtig die *Aussprache* ist. Man lernt wieder hören, Geräusche unterscheiden, und plötzlich wird diese von visuellen Reizen überflutete Welt wieder ein akustisches Ereignis.

Natürlich kann man sein Herz in Heidelberg verlieren, ohne auch nur eine einzige Ausspracheregel zu kennen. Wer sich dieses Ziel setzt, braucht dieses Buch nicht unbedingt.

Wer wenig Zeit und wenig Interesse an phonetischen Problemen hat und trotzdem seine Aussprache etwas verbessern möchte, dem bietet dieses Buch rasche Orientierungshilfen.

Dem ernsthaften Sprachstudenten bietet das Buch mehr: eine eingehende Darstellung des deutschen Lautbestandes, die die einzelnen Laute charakterisiert und definiert, ihre Artikulation beschreibt, muttersprachlich bedingte Fehler diskutiert und Beziehungen zwischen Schreibung und Lautung aufzeigt.

Eine Fülle von Übungsmaterial wird am Ende eines jeden Abschnittes geboten. Erste Voraussetzung für eine einwandfreie Aussprache ist eine gründliche Schulung des Gehörs, denn nur wer feinste Lautnuancen unterscheiden kann, erkennt Abweichungen von der Norm, d.h. seine Fehler.

Hörübungen stehen deshalb am Anfang. Die beste Übungsform sind sog. *nonsense words* (Lautgebilde ohne Bedeutung, Logatome) (1), da weder Schriftbild noch Bedeutung ablenken. Wie früher in der Kindheit begegnet man *nackten* Lauten, lernt sie identifizieren und in ein festes System einordnen.

Phonetische Diktate deutscher Wörter und Sätze schließen sich an. Sie sollen die Unabhängigkeit vom Schriftbild einüben und zeigen durch die Abweichung von der akustischen Vorlage oft typische Aussprachefehler auf.

Die *Transkriptionsübungen* bieten dem Studierenden keine akustische Hilfe mehr. Jetzt soll, ausgehend vom Schriftbild, die richtige Aussprache erschlossen und in Symbolform wiedergegeben werden. Das akustische Gedächtnis wird dabei trainiert.

Vielfältige *Sprech- und Leseübungen* führen zum selbständigen Gebrauch der Sprechwerkzeuge. Auch hier werden zunächst Lautkombinationen geübt, es folgen Wörter, Sätze und schließlich zusammenhängende Texte.

Alle Übungen können sowohl im Unterricht als auch im Selbststudium benutzt werden. Ein Schlüssel (S) steht im letzten Kapitel zur Verfügung.

Obwohl einige phonetische Lehrbücher vorhanden sind, werden sie den besonderen Bedürfnissen ausländischer Studierender nicht gerecht. Sie enthalten meist zu viel Theorie und zu wenig Übungen und diese in undifferenzierter und unkontrollierbarer Form. Die Lautschrift, ein ausgezeichnetes Mittel der Lautidentifizierung – und damit ein präzises Kontrollinstrument –, wird sehr sparsam verwendet. Damit wird aber die Beurteilung der eigenen Leistung – das Erfolgserlebnis oder die ebenso wertvolle objektive Einschätzung der Mängel – von vornherein ausgeschlossen.

Wer in der Sprache nicht nur ein Verständigungsmittel sieht, sondern die Eigenmelodie eines anderen Volkes und damit einen Teil seines Wesens entdecken möchte, wird sich durch die Sprödigkeit des Stoffes nicht von einem gründlichen Studium der Phonetik abhalten lassen. Manch einer ist dabei zum Paulus geworden, dann nämlich, wenn die ersten Komplimente ihn erreichen oder der Einheimische ihr gar nicht mehr als Ausländer erkennt.

Selbst sein Herz verliert man leichter, wenn die Sprache Brücken zu schlagen vermag.

Heidelberg, im Frühling 2016 Edith Zeile

Liste 1: Deutsche Sprachlaute (mit Schlüsselworten)

[a:]	Tag	[d]	du
[a]	hat	[k]	Kur
[o:]	Boot	[g]	gut
[ɔ]	Wort	[X]	ach
[u:]	Hut	[ç]	ich
[ʊ]	Hund	[j]	ja
[i:]	Tier	[ʃ]	Schritt
[ɪ]	im	[ʒ]	Genie
[e:]	See	[s]	Glas
[ɛ:]	Mär	[z]	so
[ɛ]	Herr	[f]	Fall
[y:]	Tür	[v]	Wein
[Y]	Stück	[l]	Lob
[ø:]	Öl	[r]	rot
[œ]	Böcke	[R]	Garten
[ə]	Tante [tantə]	[h]	Hund
[ai]	Teil	[ʔ]	Ohr
[au]	Haus	[ɐ]	-er in Lehrer [le:rɐ]; Ohr [o:ɐ]; ver- in vergessen [fɛɐ-]
[ɔY]	Heu		
[m]	Mann		
[n]	nein		
[ŋ]	Ding		
[p]	Paar		
[b]	Bad		
[t]	Tat		

I. Einleitung

1. Allgemeines

Der deutsche Philosoph Hegel – 1816-1818 in Heidelberg –, dessen Vorlesungen immer recht gut besucht waren, sagte einmal am Ende des Semesters: Nur einer meiner Studenten hat mich verstanden – und der hat mich falsch verstanden.

Wer sich mit Phonetik beschäftigt, wird sich solchen hohen Anforderungen nicht ausgesetzt sehen, denn sein Gegenstand lässt sich leichter erschließen als etwa ein philosophisches Theorem.

Allerdings gilt die Wissenschaft der Phonetik als langweilig, spröde und überflüssig. Dieses Urteil kann den Umgang mit dem Gegenstand durchaus erschweren.

Ich entdeckte als Studentin der Anglistik die Bedeutung einer Beschäftigung mit diesem oft vernachlässigten Aspekt einer fremden Sprache auf einem Bahnsteig der Londoner Untergrundbahn, als ich von einem Beamten eine Auskunft erbat. Ich hatte 9 Jahre Englisch auf dem Gymnasium gelernt und glaubte, ich hätte eine ausreichende Basis, mich im Sprachengewirr der riesigen Stadt zurechtzufinden.

Der Beamte reagierte völlig überrasçhend mit einer Gegenfrage, die ich als Klanggestalt nach nahezu 50 Jahren noch in

Erinnerung habe, weil sie einen solchen Schock auslöste: [wɔʔ staiʃn] („Welche Station?")

Dass es sich dabei um Cockney, den bekannten, im Osten Londons gesprochenen Dialekt handelte, war mir unbekannt und absolut unverständlich.

Als sich wenig später eine ähnliche Niederlage an einem Fahrkartenschalter abzeichnete, als ich eine Karte zum *ˋPicca,dilly ˋCircus* wollte und der Beamte am Schalter nur die Stirn in Falten legte, angestrengt nachdachte und schließlich frohlockend meinte: *„Oh, you mean ˋPiccadilly ˋCircus ..."*, wurde mir endgültig klar, dass ich mich auch mit der Aussprache des Englischen eingehender würde beschäftigen müssen.

Ich belegte sofort einen Kurs für Phonetik für Ausländer am University College, genoss die schöne Aussprache der Dozenten – und kam als neuer Mensch nach Deutschland zurück. Fortan hielt ich Phonetik nicht nur für nützlich, sondern fand sie auch aufregend und interessant.

Diese Erfahrung lässt sich mühelos generalisieren. Vielleicht kamen Sie als Italienerin in dieses Land und erklärten ihrem Vermieter: „Ich habe ein Kind." Er wird Sie verwundert angesehen haben, denn er erfuhr, dass Sie ein „Kinn" hätten. Dass das [d] im Deutschen am Ende eines Wortes entstimmt wird, also als [t] ausgesprochen wird, lässt sich schnell erlernen und Ihre Aussprache in kürzester Zeit um 50% verbessern.

Unser Ziel ist ein zweifaches: Einmal die fremde Sprache verstehen zu lernen und besser verstanden zu werden – ein Zuwachs an praktischer Sprachkompetenz – und zum Anderen die Klanggestalt eines anderen Volkes als dessen Wesenskomponente zu erfassen, sozusagen Zugang zu seiner Seele zu bekommen.

Welche Sprache ordnet alles dem Wohlklang so unter, wie es das Französische tut, wenn es sogar grammatische Zwänge auflöst und dem harmonischen Klang unterordnet? Da wird sogar eine weibliche Freundin kurzerhand zu einem *mon ami*, und Apostrophe werden über die Sprache gestreut, um den Aufeinanderprall zweier Vokale (Hiatus) zu vermeiden: *l`un et l`autre.*

Natürlich bleibt nicht aus, dass sich sehr bald ein viel tieferes Verständnis für die eigene Sprache einstellt, dass man vor dem akustischen Hintergrund der Fremdsprache die Melodie seiner Muttersprache reiner und deutlicher hört als zuvor.

2. Phonetik

a) Definition

Das Wort kommt aus dem Griechischen und heißt „Lautkunde“ oder „Lautlehre“. Ein Laut ist laut, ist etwas, was man hören kann. Man kann die Lautstärke aller Vorgänge messen. Die messtechnische Einheit dafür ist ein `phon`. Das Ticken einer Uhr z.B.

erzeugt 20 phon, normale Unterhaltung 40 phon, das Geräusch eines Motorrads 100 phon.

Gegenstand der Phonetik ist der Laut als physikalische Erscheinung (Sprechakt).

b) Geschichte

Die Geschichte der Phonetik als einer selbständigen Wissenschaft ist noch recht kurz. Bis zur Mitte des 20. Jahrhunderts galt sie als Hilfswissenschaft für die Linguistik und Musikwissenschaft. Seither ist sie als selbständige Disziplin anerkannt.

Etwa vom 16. Jahrhundert an zeigt sich ein breiteres Interesse an phonetischen Problemen, aber erst das 19. Jahrhundert bringt die grundlegenden Werke hervor. (2)

c) Lautschrift

Von entscheidender Bedeutung ist 1886 die Gründung der Association Phonétique Internationale von einer internationalen Gruppe von Sprachlehrern, die aus bereits vorhandenen Lautsystemen ein phonetisches Alphabet (Lautschrift) entwickelt, das sich auf alle Sprachen der Welt anwenden lässt. Das Ziel ist dreifach:

1. Man will dadurch das Lernen einer Fremdsprache erleichtern und verbessern.

2. Man will Sprachen ohne Schrift in dieser Form niederschreiben.
3. Man will die Beziehungen zu fremden Völkern intensiver und herzlicher gestalten.

Diese Lautschrift (API) hat in der Tat einen überwältigenden Erfolg in der ganzen Welt erlebt, und es gibt heute keine Sprache, die sich nicht in dieser Symbolschrift niederschreiben ließe.

1928 tritt auf dem Haager Linguistenkongress neben die Phonetik die Phonologie. Danach genügt es nicht, den Laut nur nach seinen artikulatorischen und akustischen Charakteristika zu bestimmen, sondern er muss auch auf seine sprachspezifische Funktion untersucht werden.

So gibt es Laute, die bedeutungsdifferenzierend sind und andere, die diesen Zweck nicht erfüllen: z.B. Kuchen – Kuhchen. Diese Laute werden als Phoneme bezeichnet.

Ein Phonem ist also das kleinste bedeutungsdifferenzierende Element der Sprache.

Der Gegensatz von Sprechen und Sprache ist nun klar herausgearbeitet worden und zeigt sich in den Wissenschaftszweigen Phonetik – Phonologie, wobei a) der Laut als physikalische Erscheinung (Sprechakt) und b) der Laut als Signal zum Zweck der Verständigung (Sprachgebilde) unterschieden werden. (3)

II. Sprachformen des Deutschen

1. Allgemeines

Lernt man zufälligerweise einen Farbigen kennen, der in der ehemaligen DDR studiert hat, so könnte er Sächsisch sprechen.

Seltener begegnet man noch Senioren, die durch ein gerolltes [r] auffallen und damit als Flüchtlinge aus dem ehemaligen Polen zu erkennen sind.

Natürlich ist der bayrische Dialekt ebenfalls schwer zu verstehen, nicht nur von Ausländern, sondern selbst von Deutschen.

Andererseits gewinnen gerade Personen, deren Eltern eingewandert und die in Deutschland geboren sind, wie der Comedian Bülent Ceylan durch den meisterhaften Einsatz eines Dialekts, hier des Mannheimer Dialekts, eine besondere Ausstrahlung.

Wie kann sich ein Ausländer orientieren? Wer spricht in diesem Land „das beste Deutsch"? Ist das eher geographisch oder kulturell bestimmt?

2. Geschichte

Um die gegenwärtige Situation in Deutschland besser verstehen zu können, hilft ein kurzer Blick auf die Geschichte der deutschen Sprache.

2000 v. Chr. Die deutsche Sprache gehört zur indogermanischen (idg.) Sprachfamilie, einer Gruppe von Sprachen, die im Gebiet zwischen Indien und dem Atlantischen Ozean gesprochen wurden.

500 v. Chr. Etwa um diese Zeit – zweifellos ein Ergebnis von Wanderungen – bildet sich das Germanische heraus, eine Sprache, die in Skandinavien, England und Deutschland gesprochen wird. Ihr wesentliches Merkmal ist die Bindung des Akzents an die Wurzelsilbe, was sich bis in die Gegenwart erhalten und erhebliche Auswirkungen auf die Lautstruktur hat.
Beispiel: Akk. Pl. von „Tag" idg. *dhogons → ahd. `taga → mhd. Tage = nhd. Tage/dag (Dialekt)

300 v. Chr. Um diese Zeit ist das Germanische in 3 Gruppen zerfallen: das Nordgermanische in Skandinavien, das Ostgermanische und das Westgermanische in England und Deutschland.

5.-8. Jh. Das Westgermanische zerfällt nun in Dialekte. Jetzt entstehen in den verschiedenen Teilen Deutschlands die Dialekte, wie wir sie heute noch kennen. Eine deutsche Schriftsprache gab es damals noch nicht. Diese Funktion übernimmt das Lateinische, das im

Laufe der Christianisierung im 8. Jahrhundert ins Land kommt.

Erste Anfänge, deutsch zu schreiben, stellen sich ein.

12. Jh. Eine Art deutsches Sprachbewusstsein setzt ein. (mhd.)

16. Jh. Erst im 16. Jahrhundert bildet sich allmählich eine deutsche Schriftsprache heraus. Schöpfer dieser Schriftsprache ist Martin Luther durch seine Bibelübersetzung. Die Erfindung des Buchdrucks durch Gutenberg im 15. Jahrhundert ermöglicht es, dass nun in jedes deutsche Haus eine solche Bibel kommt und die deutsche Sprache dadurch eine rasche Verbreitung findet. Luther schreibt natürlich den Dialekt seiner Heimat, das Ostmitteldeutsche. Obwohl sich jetzt auch Sprachgesellschaften bilden, die sich um Wortschatz und Grammatik der Schriftsprache bemühen, ist der Einfluss des Lateins immer noch ungebrochen.

1687 Erst jetzt wird in den Hörsälen der deutschen Universitäten deutsch gesprochen. Aber noch bis ins 19. Jahrhundert müssen Doktorarbeiten auf lateinisch abgefasst werden. Gegen Ende des 17. Jahrhunderts gewinnt das Französische an Einfluss, da der Hof Ludwigs XIV. zum kulturellen Mittelpunkt wird. Als Voltaire 1753 Friedrich den Großen in Potsdam besucht schreibt er: „Ich befinde mich hier in Frankreich. Man spricht nur meine Sprache, das Deutsch ist für die Soldaten.“

17.-19. Jh.	In den nächsten drei Jahrhunderten bemüht man sich um eine Regelung der Rechtschreibung. Erst Mitte des 18. Jahrhunderts wird die Großschreibung eingeführt. Heute ist der 1. Band des Duden das Standardwerk für Rechtschreibung.
19. Jh.	Im 19. Jahrhundert geht es schließlich um eine Regelung der Aussprache. Goethe ist einer der ersten, der die Forderung nach einer „reinen Aussprache" erhebt. In seinen Regeln für Schauspieler (1803) schreibt er: „Daher ist das erste und Notwendigste für den sich bildenden Schauspieler, daß er sich von allen Fehlern des Dialekts befreie und eine vollständige reine Aussprache zu erlangen suche."
1898	Aber lange Zeit ist die Bühnenaussprache nicht uniform. Erst der Germanist Theodor Siebs ruft verantwortliche Leute, drei Bühnenleiter und drei Sprachforscher, 1898 zusammen, die die Regelung der deutschen Bühnenaussprache vornehmen sollten. Die Ergebnisse sind in dem 1. Aussprachewörterbuch von Theodor Siebs zusammengefasst: Deutsche Bühnenaussprache.
1922	Die Erweiterung des Titels Deutsche Bühnenaussprache - Hochsprache soll den neuen, erweiterten Anspruch ausdrücken.
1969	Der Titel der 19. Auflage ist Deutsche Aussprache und erhebt den weitestgehenden Gültigkeitsanspruch. In den letzten Jahren ist Siebs` verdienstvolles Wirken kritisiert worden. Es heißt, seine autoritären Entscheidungen hätten zu einer „versteinerten Norm"

geführt und würden den tatsächlichen Verhältnissen nicht mehr gerecht (z.B. keine Assimilation, keine Elision, keine Lautreduktion).

Der erste Versuch, einer empirisch gestützten Modifizierung der Hochlautung wurde von dem Phonetiker Krech an den Universitäten Jena und Halle vorgenommen: Er untersuchte ost- und westdeutsche Rundfunksprecher vor allem im Hinblick auf 7 Besonderheiten:

Stimmhaftigkeit des s	Saal
Gebrauch des Glottisschlags	am Ende
Realisation des Endsilben-e	Ende
Realisation der Medien	Ende
Realisation des r	er
Realisation des kurzen, geschlossenen Vokals	Vokal
Aspiration der Explosivlaute	Post

Sein Ziel ist die Herausgabe eines allgemein verbindlichen Ausspracheworterbuchs, was aber wegen der Beschränkung auf *eine* Gesprächssituation als nicht erreicht angesehen werden muss.

Trotzdem, so meint Kohler, erfasst das Aussprachewörterbuch von Krech die Wirklichkeit näher und ist ein erster Schritt in die richtige Richtung.

3. Gegenwärtige Situation

a) Idiolekt

Als Idiolekt wird eine Sprechweise bezeichnet, die an individuelle Merkmale des Sprechers gebunden ist. Hierher gehört der Unterschied der Sprechhöhe, der bei Männern und Frauen eine Oktave ausmacht.

Auch individuelle Eigenheiten wie Sprechtempo und Akzente oder auch Sprachfehler (Lispeln) kennzeichnen ihn.

b) Dialekt

Dialekte sind an regionale Faktoren gebunden. Ein Blick auf die Landkarte Deutschlands genügt, um uns die besonderen Verhältnisse klarzumachen.

Norddeutschland ist ein großes, einfach gestaltetes Tiefland, Süddeutschland ist dagegen in eine große Zahl kleiner Räume aufgelöst, die durch hohe Gebirge abgeriegelt werden.

Sprache lebt von der Kommunikation. Der Austausch im Norden ist also weit einfacher als im Süden.

Im Norden wird Plattdeutsch oder Niederdeutsch gesprochen. Hier zeigt sich deutlich die Verwandtschaft des Deutschen mit dem Englischen.

Hier ist im Anlaut – wie im Englischen – [st] erhalten: engl. stone – dt. Stein. Man s-tolpert über einen s-pitzen S-tein.

Bei Helmut Schmidt, Alt-Bundeskanzler aus Hamburg, zeigte sich das mitunter.

Im Osten haben sich germanische und slawische Sprachformen zum Mecklenburger, Pommerschen, Schlesischen und Ostpreußischen Dialekt vermischt. Im Osten gibt es keine Umlaute. Ein Ostpreuße wird „von einer scheenen griinen Tiir" sprechen und eine „schöne grüne Tür" meinen.

Im Süden haben wir die großen bekannten Dialekte Sächsisch, Pfälzisch, Schwäbisch und Bayrisch.

Das Schwäbische zeichnet sich vor allem dadurch aus, dass es – im Gegensatz zum Norden – alle s-Laute verändert: „kannscht des net?" = „Kannst du das nicht?" „Weisch"? = „weißt du?"

Das Bayrische wird von einem Norddeutschen fast nicht verstanden, zumindest ist eine lange Eingewöhnungszeit notwendig. Bekannt ist das Beispiel vom „Oachkatzels Schwoaf" = „Eichhörnchenschwanz".

Ludwig Reiners spricht in seinem Buch Stilkunst von der „rotbäckigen Gesundheit" der Dialekte. Aber von drei Seiten werden die Dialekte in Deutschland bedroht:

a) Durch die Einführung der Allgemeinen Schulpflicht (1920) tritt das Schriftbild immer stärker in den Vordergrund.

b) Der Zustrom anderssprachiger Flüchtlinge nach dem 2. Weltkrieg, der Wiedervereinigung und in der Gegenwart hat zur Überlagerung mehrerer Sprachformen geführt: Es kommt zu Assimilationen und Zersetzungen und zur Herausbildung von Jargons. Dieser Einfluss ist durch den Zustrom ausländischer Gastarbeiter in den Sechziger Jahren und in den folgenden Jahrzehnten noch einmal verstärkt worden.
c) Der starke Einfluss der Massenkommunikationsmittel, insbesondere von Rundfunk und Fernsehen mindert die Bedeutung der Dialekte, weil die Hochsprache hier im Zentrum steht.

c) Hochsprache

Die Hochsprache (Standard) ist im Gegensatz zu den Dialekten an keine geographischen Faktoren gebunden. Zwar behaupten die Bewohner der Stadt Hannover, dass dort das beste Deutsch gesprochen würde, aber das ist eine Übertreibung. Manche Norddeutsche gehen sogar so weit zu sagen, dass südlich des Mains gar kein Deutsch mehr gesprochen würde.

Richtig ist allerdings, dass die Norddeutschen, die einen in der Lautung sehr abweichenden Dialekt sprechen, im Gefolge der Reformation die Hochsprache wie eine Fremdsprache lernen mussten und daher kaum ein Dialekteinfluss in der gesprochenen Sprache erkennbar ist.

Die Hochsprache wird in einem geistigen Raum gesprochen: im Theater, Rundfunk, Fernsehen, Schule und Universität, also in der Öffentlichkeit.

d) Umgangssprache

Jüngere deutsche Phonetiker wie z.B. Hans-Heinrich Wängler und Klaus Kohler halten die Hochsprache für eine Idealform, die der Wirklichkeit nicht gerecht wird. Kohler vermeidet sogar den Terminus „Hochlautung". Für ihn ist deutsch = dialektneutral, die norddeutsch geprägte Aussprache geübter deutscher Sprecher in verschiedenen Sprechsituationen.

Er empfiehlt das Ausspracheworterbuch von Krech, merkt aber zugleich an, dass auch dieser das Ziel nicht erreicht habe.

Man könnte Umgangssprache als eine individuelle, regional gefärbte und durch die Sprechsituation modifizierte Sprachform bezeichnen, die vor allem die phonetischen Erscheinungen der Assimilation, Elision und Reduktion aufweist. Es ist die Sprachform, die im privaten Bereich angewandt wird.

Beispiel. Part. Perf von gehen = gegangen

Dialekt (Schwäbisch)	gange
Umgangssprache	gegang
Hochsprache	gegangen

Im Idealfall beherrscht der deutsche Sprecher alle 3 Formen:

Er könnte einen Witz sehr viel effektvoller im Dialekt erzählen.

Er könnte im Gespräch mit Freunden oder in der Familie die Umgangssprache wählen.

Er könnte einen öffentlichen Vortrag in der Hochsprache halten.

Der ausländische Sprecher sollte sich wohl nach wie vor an der Hochlautung orientieren und die zulässigen Abweichungen der Umgangssprache kennen.

III. Sprechwerkzeuge

Richard Wagner sagte einmal, Musik sei eine gehobene Form des Sprechens.

Sicher ließe sich dieser Satz auch umkehren und man könnte behaupten, Sprechen sei eine niedere Form von Musik.

Auf jeden Fall geht es in beiden Fällen darum, *Töne oder Laute* hervorzubringen.

Fragt man einen Klavierspieler, was er mache, wenn er den Ton a erzeuge, so wird er sagen, er drücke auf eine bestimmte Taste des Instruments. An dieser Taste sitze ein kleiner Hammer, der an eine Saite schlage. Diese Saite gerate in Schwingung, und die Zahl der Schwingungen bestimme die Höhe des Tons.

Fragt man nun einen Deutschen, was er mache, um den Laut a zu erzeugen, so wird er zunächst sehr überrascht sein und dann behaupten, das ginge alles *automatisch.*

Das ist so lange in Ordnung, wie wir unsere Muttersprache sprechen. Wenn wir uns jedoch beim Sprechen einer Fremdsprache auf unsere automatischen Reflexe verlassen, werden wir kaum in der Lage sein, die Laute der anderen Sprache richtig wiederzugeben.

Bittet man einen Amerikaner z.B. um eine Tasse „Tee“ [te:], so wird er uns eine Tasse [te:i] servieren.

Solche Automatismen müssen also erkannt und beseitigt werden. Die beste Voraussetzung dafür ist die genaue Kenntnis der Sprechwerkzeuge und des Artikulationsvorganges.

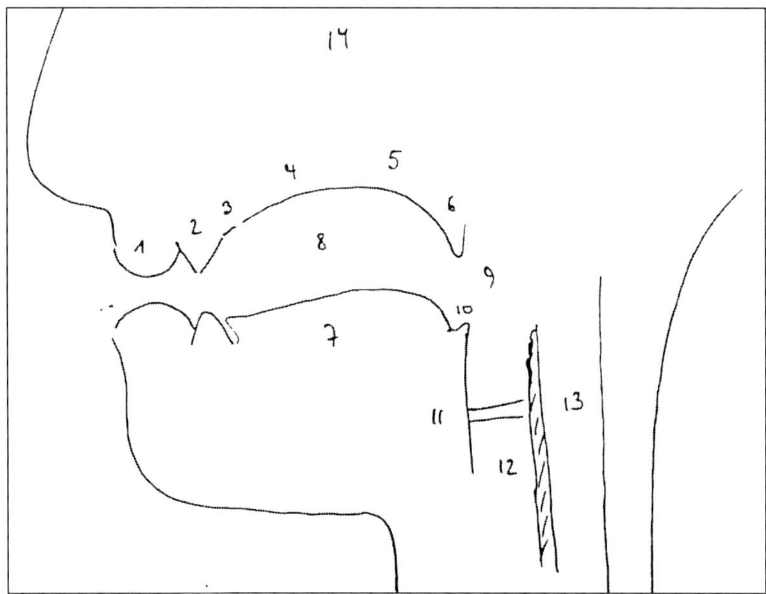

Abbildung 1: Die Sprechinstrumente (Querschnitt durch den menschlichen Kopf)

1 die Lippen (labial)

Wir können sie am besten sehen, fühlen und beeinflussen, wenn wir sprechen, essen und küssen. Sprechen wir z.B. a-e-i hintereinander, so werden sie breiter. Sprechen wir a-o-u, so werden sie runder. Sprechen wir m-n-v, so bemerken wir, dass die Lippen sich ebenfalls verändern.

2 die Zähne (dental)

Unmittelbar hinter den Lippen sitzen die Zähne.

3 der Zahnrand (alveolar)

4 der harte Gaumen (palatal)

Wandert man mit der Zunge am Gaumen nach hinten, spürt man deutlich den Unterschied.

5 der weiche Gaumen (velar)

6 das Zäpfchen (uvular)

Das frei hängende Ende des weichen Gaumens, gut sichtbar, ist das Zäpfchen.

7 die Zunge

Das wichtigste Sprechwerkzeug ist die Zunge. Das zeigt sich bereits daran, dass in vielen Sprachen das Wort „Zunge“ für „Sprache“ steht: la langue, lingua, mother-tongue.

Man unterteilt sie in eine Vorder- und eine Hinterzunge.

8 die Mundhöhle

Das ist der Resonanzraum.

9 der Rachenraum

10 der Kehldeckel (Epiglottis)

Er verhindert, dass Speise in die Luftröhre gelangt, hat quasi eine Polizeifunktion.

11 die Stimmbänder

Sie sind wie ein zweites Paar Lippen, das sich öffnen und schließen lässt.

12 die Luftröhre

Atmen bedeutet Leben. Über diese Röhre gelangt Sauerstoff in unseren Körper.

13 die Speiseröhre

14 der Nasenraum

IV. Klassifikation der Laute

Aus der unendlich großen Zahl möglicher Laute wählt jede Sprache etwa 20-30 Laute aus. Diese Selektion zeigt, wie ökonomisch die Natur vorgeht. Eine so geringe Zahl ermöglicht schon eine hoch differenzierte Sprache.

Der Lautbestand lässt sich auf folgende Weise unterscheiden:

1. Passage der Luft

Beim Artikulationsvorgang kann die Passage der Luft behindert werden oder nicht. Es entstehen dadurch die zwei Hauptgruppen, die Konsonanten und die Vokale.

Bei der Bildung eines Vokals wird der Luftstrom beim Verlassen des Mundraums nicht behindert.

Wenn wir ein [ɑ:] sprechen, muss kein Hindernis überwunden werden.

Bei der Bildung eines Konsonanten wird der Luftstrom beim Verlassen des Mundraums an irgendeiner Stelle behindert.

Sprechen wir z.B. ein [m], ist zunächst der Mund geschlossen, der Luftstrom kann also nicht den Mundraum verlassen.

2. Artikulationsmodus

Das Verhalten der Stimmbänder entscheidet, ob ein Laut Stimme hat oder nicht.

Sind sie in Bewegung, d.h. schwingen sie beim Sprechvorgang – das lässt sich sehr gut spüren, wenn man seine Finger an den Hals legt –, dann entstehen stimmhafte Laute. Dazu gehören alle Vokale und Konsonanten wie z.B.[b d g].

Bleiben die Stimmbänder ruhig, d.h. schwingen sie nicht, entstehen stimmlose Laute, z.B. [p t k].

3. Artikulationsort

Der Ort, wo ein Laut gebildet wird und das artikulierende Organ entscheiden über eine weitere Einteilung.

Sprechen wir den Laut [m], so wird er mit den Lippen gebildet. Der Luftstrom wird gestoppt. Es handelt sich also um einen labialen Laut.

Auf diese Weise lassen sich also alle Laute eindeutig identifizieren.

Sprechen wir [m], schließen wir den Mund. Der Luftstrom kann den Mundraum nicht verlassen. [m] ist also ein Konsonant.

Legen wir die Finger beim Aussprechen von [m] an den Hals, spüren wir die Vibration der Stimmbänder. Der Laut ist also ein stimmhafter Laut.

Außerdem brauchen wir die Lippen, um den Laut zu bilden, er ist also ein labialer Laut.

Der Steckbrief von [m] lautet also: Es ist ein stimmhafter, labialer Konsonant.

V. Vokale

1. Allgemeines

Als Eva über den Verlust des Paradieses untröstlich und Adam ratlos war, schenkte ihr der Teufel einen Spiegel, und fortan war sie glücklich. So berichtet Oscar Wilde in einem Märchen.

Nicht umsonst haben Philosophen aller Zeiten die *Selbsterkenntnis* als das höchste Ziel, das reinste Glück des Menschen gepriesen.

Zwei Dinge sind dafür nötig: ein Spiegel und Distanz.

Was für den Einzelnen gilt, gilt für ein Volk, gilt für dessen Wesensäußerungen, für dessen Sprache.

Das Bild, das der Deutsche von seiner Sprache hat, bedarf notwendigerweise der Korrektur durch den Anderssprachigen, den Ausländer. Er besitzt die emotionale Kühle und Distanz, sein Urteil wird *sine ira et studio* gefällt. Aus seinen Beobachtungen fügt sich ein überraschend einheitliches Bild zusammen:

„Sie sprechen wie Hunde“, kommentieren französische Kinder ein deutsches Gespräch im Fernsehen.

„Das Englische eignet sich für die Wissenschaft und Technik, das Französische für die Diplomatie, das Italienische für die Musik – und das Deutsche zum Streiten“, ist die Meinung eines Amerikaners.

Was auffällt, ist der harte Klang, der Mangel an Musikalität. Männlichkeit, Intensität, Kontraste – das sind die Qualitäten, die man mit der deutschen Sprache assoziiert.

Ein Grund dafür ist die *Vokalarmut* des Deutschen. Während in den romanischen Sprachen unter 100 Lauten 50 Vokale sind, sind es im Deutschen ca. 35. (4)

Autor	**Verhältnis Kons./Vokale**
Mann	64/36
Broch	67/33
Zuckmayer	64/36

Tabelle 2: Vokalarmut des Deutschen

Das war durchaus nicht immer so. Vor 1000 Jahren besaßen auch die germanischen Sprachen noch Farbigkeit und Wohlklang: ahd. boto → nhd. Bote; ahd. hellia → nhd. Hölle.

Die vollen, klingenden Endungen verschwanden unter dem Einfluss des starken Akzents auf der Wurzelsilbe im Laufe der Jahrhunderte.

Friedrich der Große, musikalisch, vielsprachig, mit ausgesprochener Vorliebe für das Französische, Sprachexperimenten nicht abgeneigt, wollte der deutschen Sprache wieder den vollen Klang zurückgeben und schlug ganz ernsthaft vor, an alle Verben ein -a anzuhängen: z.B. lieben → liebena.

Sein Vorschlag scheiterte natürlich an der Trägheit des Volkes, dem die schwachen Formen viel leichter von der Zunge gingen und das eher die entgegengesetzte Tendenz verfolgte, nämlich die Auslassung des Endungsvokals. Heute wird das Verb „lieben" [li:bən] in der Umgangssprache bereits einsilbig [li:bm̩] gesprochen.

2. Klassifikation

a) Zungenposition

Man teilt die Vokale nach ihrer Zungenposition in Vorder-, Hinter- und Mittelzungenvokale ein.

Diese Zungenpositionen lassen sich schematisch darstellen. Man stelle sich dazu ein in den Mundraum gezeichnetes Viereck vor. Es ergibt sich so eine senkrechte wie waagerechte Gliederung.

VZV	MZV	HZV	
			geschlossen
			halb geschlossen
			halb offen
			offen

Der Vokal wird als der jeweils höchste Punkt der Zunge in das Vokalviereck eingetragen.

Vorderzungenvokale (VZV) sind die i-, e-, ü- und ö-Laute. Ihre Klangfarbe ist hell.

Beispiele: tief – Tee – früh – Öl   mit – kennt – Glück – Köln

Hinterzungenvokale (HZV) sind die a-, o- und u-Laute. Ihre Klangfarbe ist dunkel.

Beispiele: Aal – Ton – Uhr   ab – sonst – und

Der einzige Mittelzungenvokal (MZV) im Deutschen ist [ə]. Man bezeichnet ihn auch als „schwa". Es ist ein blasser, farbloser Laut.

Beispiel: bitte

b) Lippenposition

Eine zweite Einteilungsmöglichkeit ergibt sich aus der Lippenposition.

Laute mit Lippenrundung sind die o-, u-, ö- und ü-Laute. Sie klingen voll.

Beispiele: Ohr – Uhr – schön – früh   oft – und – Hölle – Hülle

Laute ohne Lippenrundung sind die i-, e- und a-Laute. Sie klingen flach.

Beispiele: die – er – an   mit – denn – ab

c) Quantität

Eine dritte Einteilungsmöglichkeit ergibt sich aus der Quantität. Alle Vokale lassen sich in Paaren ordnen. Jeder lange Vokal hat einen kurzen Partner, der sich in Klangfarbe und Klangdauer von ihm unterscheidet: [iː] - [ɪ].

Beispiel: rief - Riff

d) Akzentuierung

Eine vierte Einteilung ergibt sich aus der Akzentuierung.
Ein langer Vokal trägt immer einen Akzent.
Ein kurzer Vokal kann betont oder unbetont sein.
[ə] ist immer unbetont.

Vokale	**Akzent**	**ohne Akzent**	**Beispiel**
langer Vokal	[oː]		´Pole
kurzer Vokal	[`ɔ]		`Wolle
		[ɔ]	`Bischof
kurzer Vokal		[o]	Po'kal

Tabelle 3: Vokale mit Akzent und ohne Akzent

VI. Hinterzungenvokale

1. Die a-Laute

a) Allgemeines

Es ist kein Zufall, dass die ersten Sprachversuche von Kindern aus Silben mit dem Laut a bestehen.: Ma-ma; Pa-pa. Bei der Bildung der a-Laute werden nämlich keine besonderen Anforderungen an die Sprechwerkzeuge gestellt.

Die onomatopoetische Bildung „lallen“ = „undeutlich sprechen“ zeigt den Rückzug von Kranken oder Betrunkenen auf den einfachsten Vokal der Sprache an.

Die idiomatische Wendung „das A und O“ = „Anfang und Ende“ weist dem a den Beginn einer Reihe von Zuständen zu.

Der Laut erscheint auch als Interjektion „Ah!“ . Er ist immer ein Ausdruck der Freude, des Wohlbehagens oder der Bewunderung, also eine sehr positive Lautgebärde.

So nimmt es denn auch nicht Wunder, wenn die älteste Schriftsprache der Welt, das Sanskrit, den Laut a verschwenderisch gebraucht, ja geradezu in a-Lauten schwelgt. Bis zu 6 a-Lauten können in einem Wort erscheinen.

Auf zwei zufällig ausgesuchten Seiten des Sanskrit-Wörterbuchs von Martin Mittwede verteilen sich die 5 Hauptvokale so:

Sanskrit Wörterbuch	**a**	**o**	**u**	**i**	**e**
Seite 159	79	3	3	10	2
Seite 237	32	1	8	14	4

Tabelle 4: Überzahl von a-Lauten im Sanskrit (5)

Wir unterscheiden im Deutschen 2 a-Laute, die sich durch Qualität und Quantität unterscheiden: [ɑ:] und [a], wobei die Qualitätsunterschiede im Gegensatz zu den anderen Vokalen sehr gering sind.

b) [a:]

b1) Artikulation

Die Zunge liegt flach im Mund.
Der hintere Zungenrücken ist schwach gehoben.
Die Zungenspitze berührt die unteren Zähne.

Die Lippen sind weit geöffnet.
Die Stimmbänder sind in Bewegung.

b2) Definition

____
____
____________________ [ɑ] ist ein langer,
______________a:_ offener Hinterzungenvokal.

b3) Fehler von Ausländern

Amerikaner, Engländer: Der Laut wird zu dumpf gesprochen. Er klingt wie [ɔ:].
Abhilfe: Hinterzunge senken.

Franzosen: Der Laut wird durch das frz. a in „la“ ersetzt.
Abhilfe: Die Zunge muss hinten etwas gehoben und der Laut gelängt werden.

b4) Schreibung

Buchstaben	**nähere Angaben**	**Beispiele**
-a	im Auslaut betonter Silben	da, ja
aa		Saal, Haar

ah	+ h	Sahne, lahm
	a + 1 Kons.	Name, sagen

Tabelle 5: Schreibung des Lautes [a:]

c) [a]

c1) Artikulation

Die Zunge liegt flach im Mund.
Der vordere Zungenrücken ist etwas gehoben.
Die Zungenspitze berührt die unteren Zähne.
Die Lippen sind etwas weniger geöffnet als beim [a:].
Die Stimmbänder sind in Bewegung.

c2) Definition

____

____

__________________ [a] ist ein kurzer,

__a____________ offener Vorderzungenvokal.

c3) Fehler

Amerikaner, Engländer: Es besteht die Tendenz, den Laut zu längen und zu verdumpfen.
Abhilfe: Der Laut muss vorn gesprochen werden.

c4) Schreibung

Buchstaben	nähere Angaben	Beispiele
a + 1 Kons.	In kurzen, häufig gebrauchten Wörtern	an, man, heran
a + 2 Kons.		Ast, alt

Tabelle 6: Schreibung des Lautes [a]

d) Besonderheiten

Lautkombinationen:

a + ß [ɑ:] er saß
a + ss [a] Hass
a + rt [a:] oder [a] Art [a:] hart [a]
a + ch [a:] oder [a] brach [a:] Bach [a]

Wörter mit [a:], obwohl mehrere Konsonanten folgen: Jagd, Magd, Papst.

e) Übungen

e1) Phonetisches Diktat

ma:na:	ta:ba	an	daran
mana	ta:ba	ab	Traktat
ma:na	taba	Ahn	Anfang
mana:	taba:	Mann	Talar
mana	taba:	Bart	Landtag

e2) Transkription (nur Vokale)

wann	Haar	Abfahrt	Strahl
was	Hand	Sandmann	Landsmann
Bahn	Stamm	Ballnacht	dankbar
Bach	Stadt	zaghaft	langsam
zart	Staat	Samstag	Pfarramt

e4) Lektüre phonetischer Texte

ta:	taba	[kan]	[bal]
ma	taba	[ta:t]	[ba:n]
ta:ma	ta:ba:	[ta:l]	[ban]
tama:	ta:ba	[ast]	[ha:phaft]
ma:ta:	taba:	[last]	[ga:sman]

e5) Lektüre

Wörter mit [a:]	Aal	Art	Saal	Schar
	Schal	Nase	Wagen	Nabel
	Arzt	Papst		
Wörter mit [a]	ab	Akt	arm	Bass
	Stall	Sand	Anfang	Zange
	Apfel	Andacht		
Wörter gemischt		Jahrgang	achtsam	
		Alltag	Altar	
		Amtsrat	Balsam	
		Brandmal	Banane	
		Plakat	Salat	
Wortpaare [a: - a]		Ahn – an		
		Wahn – wann		
		lahm – Lamm		
		Maße – Masse		
		rate – Ratte		

Sätze

Aller Anfang ist schwer.
Im Anfang war die Tat.
Arme Leute kochen mit Wasser.
Armut ist keine Schande.
Wer A sagt, muss auch B sagen.
Alte Bäume soll man nicht verpflanzen.

Text

Wer jeden Tag sagen kann: Heute ist der Schönste, der allein steht über der Zeit und hat das Leben gemeistert. Wer aber vom Morgen erwartet oder sich im Gestern sonnt, der lebt überhaupt nicht, denn er hat kein Heute. (Dale Carnegie)

2. Die o-Laute

a) Allgemeines

Ein Charakteristikum der deutschen Sprache ist ihre Vokalarmut (vgl. Kap. V). Eine genaue Analyse moderner Texte ermöglicht eine Präzisierung dieser Feststellung. Untersucht wurden 3 Texte aus Deutschland erzählt. (6)

Autor	**Verhältnis Konsonanten/Vokale**	**Zahl der Vokale**		
		e	**u**	**o**
Dürrenmatt	100/37	13	2	-

Böll	100/33	15	3	1
Grass	100/40	15	1	3

Tabelle 7: der seltene o-Laut

Unter allen Vokalen scheint der Vokal o der seltenste überhaupt zu sein. Im Durchschnitt taucht er unter 100 Lauten 1-2mal auf. In der Umgangssprache wird er mehr und mehr durch das blasse, farblose [ə] ersetzt.

Beispiel: ugs. Professor [prə'fɛsɐ]

Dabei sind es gerade die o-Laute, die wegen ihrer Klangfarbe zu den schönsten Lauten der deutschen Sprache gehören. Ihre satte, dunkle Rundheit wird motorisch vorweggenommen, deutet sich visuell an (Lippenrundung). Selbst die Form des Buchstabens o – mit dem phonetischen Symbol identisch [o: - o – ɔ] – ist ein Kreis. Das Symbol des Kreises gilt in der Kunst schon immer als Ausdruck höchster Vollkommenheit. Im Bereich der Sprache weist er auf einen vollkommenen Laut hin.

Als Interjektion „O" oder „Oh" kann er Träger eines positiven oder negativen Gefühls sein.

Beispiel. Oh, wie schön! Oh, wie furchtbar!

Die ganze Palette menschlicher Gefühle kann er also in sich aufnehmen.

Das Deutsche besitzt 3 Varianten, die sich durch Qualität, Quantität und Akzentuierung unterscheiden: [o:, o, ɔ].

b) [o:]

b1) Artikulation

Der hintere Zungenrücken ist etwas angehoben.
Die Zungenspitze liegt an den unteren Zähnen.
Die Lippen sind stark gerundet.
Die Stimmbänder sind in Bewegung.

b2) Definition

____

____________________o: [o:] ist ein langer, halb geschlossener Hinterzungenvokal

____

____

b3) Fehler (anderer Nationalitäten)

Amerikaner, Engländer: Der Laut wird diphthongiert: [ou, əu]
Abhilfe: Man beachte, dass Zunge und Lippen sich in absoluter Ruhe befinden. Eine Bewegung der Zunge zum Gaumen hin und eine Verengung der Lippen sind zu vermeiden.

Franzosen: Der Laut wird zu kurz gesprochen.
Abhilfe: Man nehme eine bewusste Dehnung vor.

b4) Schreibung

Buchstaben	nähere Angaben	Beispiele
-o	im Auslaut	wo, so
oo		Moos, Moor
oh		oh, Sohn, roh
o + 1 Konsonant	betont	ʻrot, ʻloben
au	in betonten Silben frz. Wörter	ʻSauce
-ort	in betonten Silben frz. Wörter	ʻFort, Reʼssort [oːr]
-ow	in dt. Namen slawischen Ursprungs	Bülow [oː]

Tabelle 8: Schreibung des Lautes [oː]

c) [o]

c1) Artikulation

Vgl. [o:]; die Qualität ist die gleiche, die Quantität ist verschieden. Der Laut trägt nie einen Akzent.

c2) Definition

____
__________________o [o] ist die kurze,
________________ unbetonte Variante des [o:]
____

c3) Fehler

Allgemein: Der Laut wird von Deutschen oft durch [ɔ] ersetzt. Er klingt dann zu offen, z.B. Monotonie [monotoˈni:] → [mɔnɔtɔˈni:]Die Lippenrundung ist zu gering, die Sprechwerkzeuge werden zu lässig gehandhabt.

Abhilfe: strenge Lippenrundung und intensive Artikulation

c4) Schreibung

Buchstaben	nähere Angaben	Beispiele
o + 1 Konsonant	unbetont	To'mate, ro'bust
au + 1 Konsonant	in unbetonten Silben frz. Wörter	Mau'rice, Chauvi'nist

Tabelle 9: Schreibung des Lautes [o]

d) [ɔ]

d1) Artikulation

Der hintere Zungenrücken ist nicht so stark gehoben, und die Lippen sind nicht so stark gerundet wie beim [o:].
Die Stimmbänder sind in Bewegung.

d2) Definition

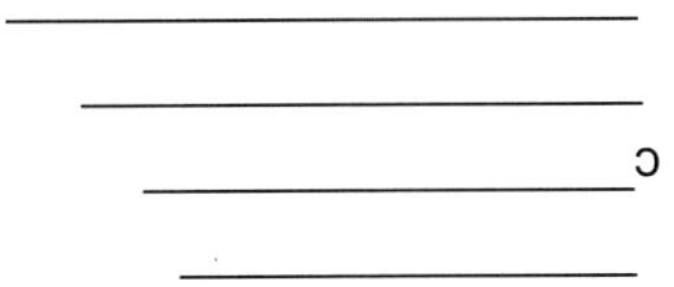

[ɔ] ist ein kurzer, halb offener Hinterzungenvokal.

d3) Fehler anderer Nationalitäten

Italiener, Spanier: Der Laut wird gelängt zu [ɔ:].

Abhilfe: Man stelle sich den Laut als Ball vor und lasse ihn fallen.

Der Laut muss elastisch zurückspringen. Man wiederhole ein Beispiel und steigere das Tempo dabei: voll – voll – voll.

d4) Schreibung

Buchstaben	nähere Angaben	Beispiele
o + 1 Konsonant	in kurzen, häufig gebrauchten Wörtern	von, ob; aber: vor [o]
o + 2 Konsonanten		offen, Sonne
-os, -of		Pathos, Bischof
au + 2 Konsonanten	in unbetonten Silben frz. Wörter	Chau'ffeur
-ow	in russ. Namen	Chruschtschow

Tabelle 10: Schreibung des Lautes [ɔ]

e) Besonderheiten

Lautkombinationen:

o + ß [o:]	groß	
o + ss [ɔ]	floss	
o + st [o: oder ɔ]	Trost [o:]	Most [ɔ]
o + ch [ɔ]	noch, doch; aber: hoch [o:]	
o + sch [ɔ]	Frosch [ɔ], aber: koscher [o:]	

Wörter mit [o:], obwohl mehrere Konsonanten folgen: Mond, Montag, Koks, Lotse, Obst, Propst

Fremdwörter auf -or (Sg.), -oren (Pl): Doktor [ɔ] – Doktoren [o:]

f) Übungen

f1) Phonetische Diktate

monɔ	mana	Ton	Moral
manɔ	mɔna	von	Anfahrt
ma:no:	mo:na:	dort	Anton
mo'na:	mo'no:	dann	Baron
mo:no:	mo'nɔ	Bahn	monogam

f2) Transkriptionen (nur Vokale)

wo	an	Ost	Pastor
da	fort	Lob	Montag
ob	Moor	Obst	Pathos
ab	Haar	Obmann	monoton
vor	Hohn	total	Karambolage

Setzen Sie statt der Buchstaben a und o phonetische Symbole:

Man soll nicht schon am Sonntagmorgen
Voll Angst für Montagabend sorgen.

f3) Lektüre phonetischer Texte

ko:tɔ	kɔtɔ	[to:t]	[ta:tɔrt]
ko:to:	ka:tɔ	[tɔl]	[ro:tblɔnt]
ko'ta:	katɔ	[ta:l]	[fɔlkɔrn]
ko:ta	kata:	[no:t]	[mo'ra:l]
kata	ka:ta:	[dɔrf]	[mono'ga:m]

f4) Lektüre

Wörter mit [o:]
Not Pol rot Dom Tod Zone Dose schonen Bogen Vogel Monat Odenwald

Wörter mit [o]
Kino Auto Toto polar Hotel Oase wohin achtlos

Wörter mit [ɔ]
noch doch Most Rost Wolle Wonne sonnen Orden Onkel Gondel poltern Sonntag

Wörter gemischt
Rohkost Vorwort sorglos schamlos Notgroschen Wochenlohn Postbote Ofenloch Fotograf Kanone Schablone Vollmondnacht

Wortpaare	[oː - ɔ]		[ɔ – a]	
	Schoß	schoss	ob	ab
	Polen	Pollen	Most	Mast
	Ofen	offen	voll	Fall
	wohnen	Wonnen	Bonn	Bann
	Roben	Robben	Tonne	Tanne

Sätze

Borgen macht Sorgen.
Keine Rose ohne Dornen.
Ein Mann – ein Wort.
Not kennt kein Gebot.
Aufgeschoben ist nicht aufgehoben.
Morgenstunde hat Gold im Munde.
Keine Antwort ist auch eine Antwort.
Salz und Brot macht Wangen rot.
Man soll den Tag nicht vor dem Abend loben.

Am Anfang war das Wort, und das Wort war bei Gott, und Gott war das Wort.

Text

Die große Frage

Arthur Schopenhauer stand im Gewächshaus in Dresden in den Anblick einer Pflanze vertieft und fiel durch die ausdrucksvollen Gebärden, die er bei der Betrachtung machte, dem Wächter auf.

Er fragte Schopenhauer, wer er sei. Schopenhauer sah ihn lange an und antwortete.

„Ja, wenn Sie mir das sagen könnten, dann wäre ich Ihnen sehr dankbar!" (7)

3. Die u-Laute

a) Allgemeines

Die Charakterisierung der Hinterzungenvokale durch Superlative – a = einfachster, o = vollkommenster Laut – lässt sich bei den u-Lauten fortsetzen. Es sind die extremsten Vokale der Sprache hinsichtlich Bildung und Klangfarbe.

Das Gefühl der physiologischen Enge, das sich bei der Bildung der Laute einstellt – die Passage der Luft wird sowohl am Gaumen als auch an den Lippen verengt –, verwandelt sich auf der emotionalen Ebene zu Angst. Enge und Angst haben die gleiche Stammsilbe.

So überrascht es nicht, dass die Interjektion „uh" oder „hu" immer Angst, Furcht oder Schrecken ausdrückt

Beispiel: „Uh, wie dunkel es hier ist!"

Der französische Symbolist Rimbaud hat in seinem Gedicht „Voyelles" jedem Vokal eine Farbe zugeordnet. A erscheint ihm als schwarz, e als weiß, u als (dunkel)grün. In der Tat empfindet man diesen Laut, der am weitesten hinten in der Dunkelheit des geschlossenen Mundraums gebildet wird, als dunkel.

Das Deutsche besitzt 3 Varianten, die sich durch Qualität, Quantität und Akzentuierung unterscheiden: [uː, u, ʊ].

b) [uː]

b1) Artikulation

Der hintere Zungenrücken ist sehr stark gehoben.
Die Zungenspitze liegt an den unteren Zähnen.
Die Lippen sind sehr stark gerundet.
Die Stimmbänder sind in Bewegung.

b2) Definition

______________________u:

____________________ [u:] ist ein langer,

_________________ geschlossener Hinterzungenvokal

____

b3) Fehler anderer Nationalitäten

Amerikaner, Engländer: Der Laut wird diphthongiert: [ə:u: / ʊu:]
Deutsche Dialekte: In süddeutschen Dialekten haben wir heute noch Diphthongierung: z.B. Bub [bu:p] → [buəb, bua]

b4) Schreibung

Buchstaben	nähere Angaben	Beispiele
-u	im Auslaut	du, zu
uh		Uhr, Schuh
u + 1 Konsonant	betont	Zug, Stube
ou	in betonten Silben frz. Wörter	'Tour, 'Route

Tabelle 11: Schreibung des Lautes [u:]

c) [u]

c1) Artikulation

vgl. [u:], die Qualität ist die gleiche, die Quantität ist verschieden. Der Laut trägt nie einen Akzent.

c2) Definition

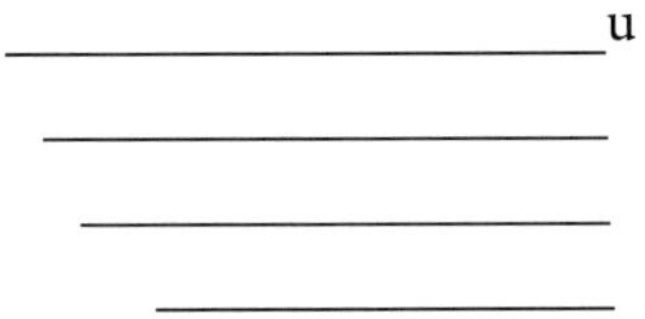

______________________u
_____________________ [u] ist die kurze,
____________________ unbetonte Variante des [u:]
____

c3) Fehler

generell
Bei nachlässigem Sprechen wird der Laut durch [ʊ] ersetzt, was aber wenig auffällt.

c4) Schreibung

Buchstaben	nähere Angaben	Beispiele
u	unbetont	bru'tal
ou + 1 Konsonant	in unbetonten Silben frz. Wörter	Tou'rist, Bou'tique

Tabelle 12: Schreibung des Lautes [u]

d) [ʊ] = „Badewannen-u“

d1) Artikulation

Der hintere Zungenrücken ist nicht so stark gehoben wie beim [u:].
Die Zungenspitze liegt an den unteren Zähnen.
Die Lippen sind nicht so stark gerundet wie beim [u:].
Der Laut ist entspannt.
Die Stimmbänder sind in Bewegung.

d2) Definition

ʊ

[ʊ] ist ein kurzer, halb geschlossener Hinterzungenvokal.

d3) Schreibung

Buchstaben	nähere Angaben	Beispiele
u + 1 Konsonant	in kurzen, häufig gebrauchten Wörtern	um, Bus
u + 2 Konsonanten		Hund, Mutter
un-		Undank
-us		Fokus

Tabelle 13: Schreibung des Lautes [ʊ]

e) Besonderheiten

Lautkombinationen:

u + ß (Auslaut) = [u:] Fuß, Gruß
u + ss = [ʊ] Fluss, musste
u + st = [u:] oder [ʊ] Schuster – Muster
u + ch = [u:] oder [ʊ] Buch - Bruch
u + rt = [u:] oder [ʊ] Geburt – Gurt

Dusche, duschen [u:]

f) Übungen

f1) Phonetisches Diktat

mu:nu:	mɔna	Schuh	Fundort
mo:nu:	mɔnʊ	Schuld	Wurstbrot
mɑ:no:	mʊno	tun	Druckknopf
mʊnɔ	mo:na:	Ton	Urahn
manʊ	mʊna	Tat	Uran

f2) Transkription

zu	bunt	scholl	Usus
zur	Hut	Untat	mundtot
zum	Huhn	Obdach	Vorahnung
und	schon	Zukunft	Monokultur
ob	Schall	Tortur	Tabulator

Setzen Sie statt der Buchstaben a, o und u phonetische Symbole.

Du darfst alles tun.
Morgenstunde hat Gold im Munde.
Am Sonntag kann Hans bis 8 Uhr morgens schlafen.

f3) Lektüre phonetischer Texte

tu:pu:	ta:pu:	[tu:n]	[ʊnmu:t]
tu'pʊ	to'po:	[to:n]	[ku'lant]
to:pʊ	to'pu:	[to:r]	[tantalʊs]
tɔpʊ	tɔpɔ	[nu:r]	[hantkʊs]
tapʊ	tapa	[ʊnt]	[ru:fmɔrt]

f4) Lektüre

Wörter mit [u:]

Uhr Uhu Mut Hut Tube Ruhe Nudel Schuster Kuchen

Wörter mit [u]

Stu'dent Uto'pie bru'tal Tu'mult Akkumu'lator

Wörter mit [ʊ]

um zum bunt kurz Zunge Kummer Zucker grundlos

Wörter gemischt

Zukunft Umdruck Kunstflug Kultur Fundus Ursprung

Wortpaare [u: - ʊ]

Mus – muss; Ruhm – Rum; sucht – Sucht; Buße – Busse;

Wortpaare [ʊ – ɔ]

Huld – hold; Mull – moll; Furt – fort; Gulden – golden;

Sätze:

Übermut tut selten gut.
Aus gutem Grund ist Juno rund.
Gudrun ist schon wieder in anderen Umständen.
Umgang mit Leuten macht klug.
Unkraut vergeht nicht.
Kleine Ursachen, große Wirkungen.

VII. Vorderzungenvokale

1. Die i-Laute

a) Allgemeines

Unter den Vorderzungenvokalen gehören die i-Laute zu den extremsten Vokalen. Sie korrespondieren damit gewissermaßen mit den u-Lauten. Man könnte sie als deren Kontrastpartner bezeichnen. Die extreme Artikulationsbasis spiegelt sich im Gefühlswert der Interjektion wider.

Der grelle Laut wird als Ausdruck des Abscheus, des Ekels verwendet.

Beispiel: Man findet ein Haar in der Suppe und reagiert mit einem emphatischen „ih".

Vgl. auch die altertümliche Bildung „igittigitt", entstanden aus „ogottogott", die ebenfalls Ekel und Widerwillen ausdrückt.

Das Deutsche besitzt 3 Varianten, die sich durch Qualität, Quantität und Akzentuierung unterscheiden: [iː, i, ɪ]

b) [i:]

b1) Artikulation

Der vordere Zungenrücken ist sehr stark gehoben,
Die Zungenspitze liegt an den unteren Zähnen.
Die Lippen sind gespreizt.
Die Stimmbänder sind in Bewegung.

b2) Definition

i: ______________________
____
____
____

[i:] ist ein langer, geschlossener Vorderzungenvokal.

b3) Schreibung

Buchstaben	nähere Angaben	Beispiele
i + h		ihr
ie		hier, Bier
ieh		Vieh

i + 1 Konsonant		Igel, Liter, mir
-ee	in englischen Wörtern	Spleen, Teenager

Tabelle 14: Schreibung des Lautes [iː]

b4) Fehler

Abweichungen von der Hochsprache: ugs.: [iː] vor r wird diphthongiert, z.B.

[miːr → miːə → miːɐ]

c) [i]

c1) Artikulation

vgl. [iː], die Qualität ist die gleiche, die Quantität ist verschieden. Der Laut trägt nie einen Akzent.

c2) Definition

i______________________

[i] ist die kurze, unbetonte Variante des [iː].

c3) Schreibung

Buchstaben	nähere Angaben	Beispiele
i + 1 Konsonant	unbetont	Ti'rol, Sti'list
-ie	Endung ist unbetont	Familie [fa'mi:liə]
-ion	betonte Endung	Nation [natsi'o:n]
-ier	betonte Endung	Portier [pɔrti'e:]

Tabelle 15: Schreibung des Lautes [i]

c4) Fehler

Abweichung von der Hochsprache: ugs.: [i] wird zu dumpf gesprochen, z.B. Tirol [tɪ'ro:l]

d) [ɪ]

d1) Artikulation

Der vordere Zungenrücken ist nicht ganz so stark gehoben wie beim [i:].
Die Zungenspitze liegt an den unteren Zähnen.

Die Lippen sind gespreizt, die Mundöffnung ist etwas größer als beim [iː].
Die Stimmbänder sind in Bewegung.

d2) Definition

____________________ ɪ__________________ ________________ ______________	[ɪ] ist ein kurzer, geschlossener Vorderzungenvokal.

d3) Schreibung

Buchstaben	nähere Angaben	Beispiele
i + 1 Konsonant	in kurzen, häufig gebrauchten Wörtern	in, mit
i + 2 Konsonanten		Bitte, Wirt
-ig, -nis, -in		König, Kenntnis
-lich, -rich, -isch		höflich, englisch
-ismus		Fatalismus

-ik	unbetont	Germa'nistik

Tabelle 16: Schreibung des Lautes [ɪ]

d4) Fehler

Amerikaner, Engländer: [ɪ] vor r wird gedehnt und diphthongiert.
Abhilfe: Vokal möglichst kurz und elastisch sprechen.
Übung: Hit – Hirt (Vokalidentität beachten!)

Franzosen:[ɪ] wird zu geschlossen gesprochen, d.h. durch [i] ersetzt, vor allem bei Doppelkonsonanz.
z.B. Himmel [hɪməl] → [himəl]
Abhilfe: Zunge vorn senken, indem man an den Vokal e denkt.

Deutsche:Im Dialekt wird mitunter [ɪ] durch [Y] ersetzt.

e) Besonderheiten

vierzehn, vierzig, Viertel [ɪ],
obwohl Schreibung -ie, aber zu häufiger Gebrauch verkürzt den Vokal

Sg. das Knie [kniː]
Pl. die Knie [kniːə]

Offizier [iː]; die frz. Endung -ier ist in militärischen Wörtern eingedeutscht.

f) Übungen

f1) Phonetisches Diktat

mi:nɪ	ma:na:	Bier	billig
mɪnɪ	mɪna	Stirn	Papier
mi:ni:	mi:nɪ	Sinn	Tourist
mʊnɪ	mi'na:	riskant	Tourismus
mɔnɪ	mi'nu:	pikant	Musikant

f2) Transkription

ihr	tierisch	Musik	Portion
im	vierzig	minimal	Portier
innig	Bierwurst	Italien	Offizier
himmlisch	spanisch	horizontal	Bankier
Stimmung	vital	musikalisch	Fatalismus

Setzen Sie statt der Buchstaben a, o, u und i phonetische Symbole ein:

1. Immer liest sie ihre sieben Liebesbriefe.
2. Sie wissen manchmal viel und manchmal gar nichts.
3. Konsonanten sind nicht so schwierig wie Vokale.

f3) Lektüre phonetischer Texte

ti:bi:	ti'ba:	[mi:r]	[li:plo:s]
tɪbɪ	tu'bu:	[hɪn]	[po:lɪn]
tʊbɪ	tɪbɔ	[kɪn]	[ɔpti'mɪst]
tɔbɪ	tʊbʊ	[kɪnt]	[natsi'o:n]
ti'bo:	tʊbɪ	[blɪnt]	[bʊdɪsmʊs]

f4) Lektüre

Wörter mit [i:]

ihr Ida hier Vieh Tier prima Klinik Miene Spiegel

Wörter mit [i]

direkt Idee vielleicht Million Atelier Indikativ Sizilien

Wörter gemischt

Rindvieh himmlisch Liebling Spital Politik vierundvierzig

Wortpaare [i:] und [ɪ]

ihn – in; wir – wirr; Stiel – still; schief – Schiff; Miene – Minne;

Sätze

Irren ist menschlich.

Die Irrtümer des Menschen machen ihn eigentlich liebenswürdig.

Probieren geht über Studieren.

2. Die e-Laute

a) Allgemeines

Die e-Laute treten in der deutschen Sprache am häufigsten auf (vgl. VI, 2a), fallen jedoch wegen ihrer Farblosigkeit und Blässe kaum besonders auf.

Da Artikulationsort und -modus Ähnlichkeit aufweisen, unterscheiden sich die Laute in der Klangfarbe nur wenig. Darüber hinaus lässt sich eine Tendenz zur Nivellierung feststellen, die ihren Grund in der Trägheit deutscher Sprecher hat.

Generell lässt sich allerdings sagen, dass die Trägheit nicht nur Änderungen der Aussprache hervorruft, sondern auch der Grammatik und des Wortschatzes.

Das Deutsche besitzt 5 Varianten, die sich durch Qualität, Quantität und Akzentuierung unterscheiden: [eː, e, ə, ɛː, ɛ].

Der Mittelzungenvokal [ə] wird in Kapitel VIII gesondert behandelt.

b) [e:]

b1) Artikulation

Der vordere Zungenrücken ist fast so stark gehoben wie beim [i:]. Die Zungenspitze liegt an den unteren Zähnen.
Die Lippen sind gespreizt (breit), die Mundöffnung ist etwas größer als beim [i:].
Die Stimmbänder sind in Bewegung.

b2) Definition

____
e: ____________________
____
____

[e:] ist ein langer, halb geschlossener Vorderzungenvokal.

b3) Schreibung

Buchstaben	nähere Angaben	Beispiele
ee		Meer, See
eh		Ehre, sehen
e + 1 Konsonant		wen, wegen

-et	betonte Endsilbe in frz. Wörtern	Gourmet, Couplet
-ier	betonte Endsilbe in frz. Wörtern	Portier

Tabelle 17: Schreibung des Lautes [e:]

b4) Fehler

Amerikaner, Engländer: Der Laut wird diphthongiert → [ei].
Abhilfe: Man beachte, dass Zunge und Lippen sich in absoluter Ruhe befinden. Eine Bewegung der Zunge zum Gaumen hin und eine Verengung der Lippen sind zu vermeiden:

i:

e:

falsch:

Franzosen: Das [e:] wird durch é [l'été] ersetzt, ist aber zu kurz.
Abhilfe: Man nehme eine bewusste Dehnung vor.

Italiener, Spanier, Tschechen: Der Laut wird zu breit gesprochen wie [ɛ:], vor allem bei folgendem r:
z.B. sehr schwer [zɛ:ɐ ʃvɛ:ɐ].
Abhilfe: Die Zunge muss stärker gehoben, die Mundöffnung verkleinert werden.

richtig: e: ε: (↑)

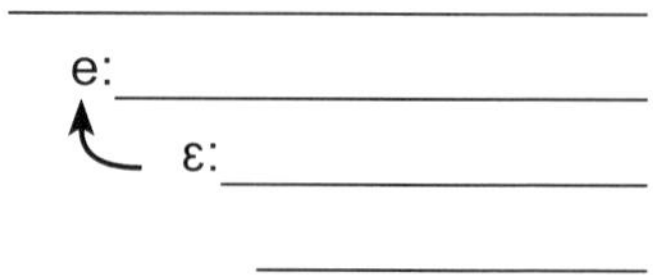

c) [e]

c1) Artikulation

vgl. [e:]; die Qualität ist die gleiche, die Quantität ist verschieden. Der Laut trägt nie einen Akzent.

c2) Definition

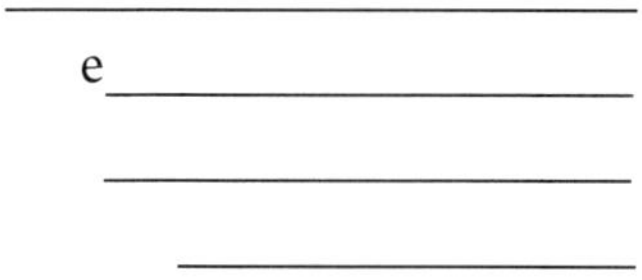

e

[e] ist die kurze, unbetonte Variante des [e:].

c3) Schreibung

Buchstaben	nähere Angaben	Beispiele
e + 1 Konsonant	unbetont	e'gal, Ele'fant

Tabelle 18: Schreibung des Lautes [e]

c4) Fehler

Deutsche: [e] wird ersetzt durch [ə] [ə'ga:l]
[e] wird ersetzt durch [ɛ] [ɛ'ga:l]

Amerikaner, Engländer: Vorsicht vor Diphthongierung: [e] → [ei]

Franzosen: Zur Beachtung: é = [e]

d) [ɛ:]

d1) Artikulation

Der vordere Zungenrücken ist nicht so stark gehoben wie beim [e:].
Die Zungenspitze liegt an den unteren Zähnen.
Die Lippen sind fast so weit geöffnet wie beim [a].
Die Stimmbänder sind in Bewegung.

d2) Definition

____

____

ɛ:____________________ [ɛ:] ist ein langer, halb offener

____________________ Vorderzungenvokal.

d3) Schreibung

Buchstaben	nähere Angaben	Beispiele
äh		Ähre, Mähne, zäh
ä + 1 Konsonant		Bär, Träne

Tabelle 19: Schreibung des Lautes [ɛ:]

d4) Fehler

Norddeutsche Sprecher: Im norddeutschen Raum wird [ɛ:] durchgehend

durch [e:] ersetzt.

z.B. Mädchen [me:tçən] statt [mɛ:tçən].

Diese Nivellierung ist als klangliche Verarmung zu bedauern und sollte nicht nachgeahmt werden.

Amerikaner, Engländer: Der Laut wird durch [æ:] ersetzt wie

z.B. im engl. bad.

Er klingt dann zu offen, zu breit.

Abhilfe: Man hebe die Zunge in Richtung [e:]

e:

ɛ:

æ:

e) [ɛ]

e1) Artikulation

vgl. [ɛ:], nur kürzer gesprochen.

e2) Definition

ɛ

[ɛ] ist ein kurzer, halb offener Vorderzungenvokal.

e3) Schreibung

Buchstaben	nähere Angaben	Beispiele
e + 1 Konsonant	in kurzen, häufig gebrauchten Wörtern	es, weg, des
e + 2 Konsonanten		Bett, Welt, Hexe
ä + 2 Konsonanten		Bälle, Tänzer

er-, ver-, zer-, her-	unbetonte Vorsilben	erraten, vergeben, herein
emp-, ent-	unbetonte Vorsilben	empfinden, entkommen

Tabelle 20: Schreibung des Lautes [ɛ]

e4) Fehler

keine auffälligen Abweichungen

f) Besonderheiten

Lautkombinationen:

e + rt/rd = [e:] oder [ɛ] Wert [e:] fertig [ɛ]

ä + ß = [ɛ:] Gefäß mäßig

ä + ss = [ɛ] hässlich

Stadt – Städte [ʃtat] – [ʃtɛ:tə]

g) Übungen

g1) Phonetisches Diktat

mi:ne:	mʊnɛ	er	Bär
mɪnɛ	mo:ne:	ihr	Kern
me:ne:	me'nu:	Ära	leblos
mɛ:ne:	me'na:	Bett	Etat
mɛ:nɛ	mɛnɛ	Beet	Elefant

g2) Transkription (nur Vokale)

es	See	Mär	Empfang
weg	schwer	fertig	Errettung
Weg	hell	Gefäß	englischen
wer	Held	zuerst	amerikanisch
wenn	hält	Verzehr	chinesisch

Geben Sie die Vokale im Text durch Symbole wieder:

Der Bär schläft.
Der Roman ist lang.
Der See ist tief.
Der Student ist klug.
Er vergisst sie niemals.

g3) Lektüre phonetischerTexte

kɛtɛ	kɛtʊ	[de:n]	[bɛt]
kɛ:ti:	kʊtʊ	[di:nst]	[bo:t]
ka:ti:	ko:te:	[dʊnst]	[be:t]
ke:te:	ke'to:	[dan]	[bi:t]
ke:tɛ:	ke'ta:	[dɔrt]	[bi:st]

g4) Lektüre

Wörter mit [e:]

Tee Wert Herd Schnee Ehre Seele Wesen Leben Seenot

Wörter mit [e]

egal Metall Chemie Rekord ideal Pedant Genie Medikament

Wörter mit [ɛ:]

spät Zähne schämen Käfer zärtlich schädlich zähmen

Wörter mit [ɛ]

echt Bett fern Schmerz Geld Hände Eltern Dämmerung

Wörter gemischt

städtisch grässlich lebendig entsetzlich Teezeremonie

Wortpaare [e: - ɛ:]

Ehre – Ähre; sehen – säen; nehmen – nähmen; Meere – Mähre;

Wortpaare [e: - i:]

Teer – Tier; Meer – mir; Heer – hier; leben – lieben; beten – bieten

Sätze:

Der Mensch denkt, Gott lenkt.

Doppelt genäht, hält besser.

Wie man sich bettet, so schläft man.

Wer sich nicht selbst zum Besten halten kann, der ist gewiss nicht von den Besten.

3. Die ü-Laute

a) Allgemeines

Die ü-Laute sind historisch wie phonetisch Mischlaute. Da an der Entstehung die Laute u und i mitwirkten – ahd. muli → müle → nhd. Mühle – haben die entstandenen Laute Eigenschaften von beiden übernommen.
Das Deutsche besitzt 3 Varianten, die sich durch Qualität, Quantität und Akzentuierung unterscheiden: [y:, y, Y].

b) [y:]

b1) Artikulation

Die Lippen sind stark gerundet wie beim [u:].
Der vordere Zungenrücken wird so stark gehoben wie beim [i:].
Die Zungenspitze liegt am unteren Rand der Schneidezähne.

b2) Definition

y:____________________ [y:] ist ein langer, geschlossener
____________________ Vorderzungenvokal mit Lippenrundung.
____
____

b3) Schreibung

Buchstaben	nähere Angaben	Beispiele
üh		früh, Mühle
ü + 1 Konsonant		Tür, Lüge
y + 1 Konsonant	in Fremdwörtern, akzentuiert	‘Mythos, A’syl
ui	in Namen	Duisburg

Tabelle 21: Schreibung des Lautes [y:]

b4) Fehler

Abweichungen dt. Sprecher aus Ostpreußen: Sie entrunden den Laut zu [i:]

Beispiel: Tür [ty:ɐ] → [ti:ɐ]

c) [y]

c1) Artikulation

vgl. [y:], die Qualität ist die gleiche, die Quantität ist verschieden. Der Laut trägt nie einen Akzent.

c2) Definition

y____________________

[y] ist die kurze, unbetonte Variante des [y:].

c3) Schreibung

Buchstaben	nähere Angaben	Beispiele
y + 1 Konsonant	unbetont	Phy'sik [fy'zi:k]

Tabelle 22: Schreibung des Lautes [y]

c4) Fehler

Abweichungen dt. Sprecher: [y] wird ersetzt durch [i]: Physik [fi'zi:k]
Abhilfe: Lippenrundung beachten

d) [Y]

d1) Artikulation

Der vordere Zungenrücken ist so stark gehoben wie beim [ɪ]
Die Zungenspitze liegt an den unteren Zähnen.
Die Lippen sind so stark gerundet wie beim [ʊ].
Die Stimmbänder sind in Bewegung.

d2) Definition

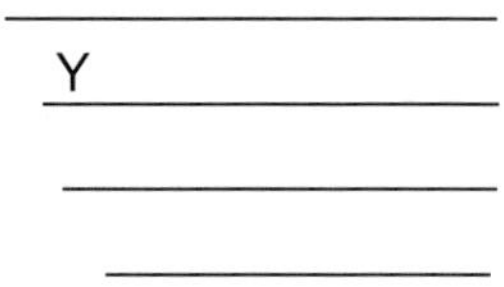

Y

[Y] ist ein kurzer, halb geschlossener Vorderzungenvokal mit gerundeten Lippen.

d3) Schreibung

Buchstaben	nähere Angaben	Beispiele
ü + 2 Konsonanten		Mücke, Lüfte
y + 2 Konsonanten	in Fremdwörtern	'Ypsilon ['Ypsilɔn]

Tabelle 23: Schreibung des Lautes [Y]

d4) Fehler

Franzosen: [Y] wird zu [y], d.h. Es wird zu geschlossen gesprochen.
Beispiel: Hütte [hYtə] klingt wie [hytə]
Abhilfe: Zunge senken auf die Höhe von [ɪ], dann Lippen runden.

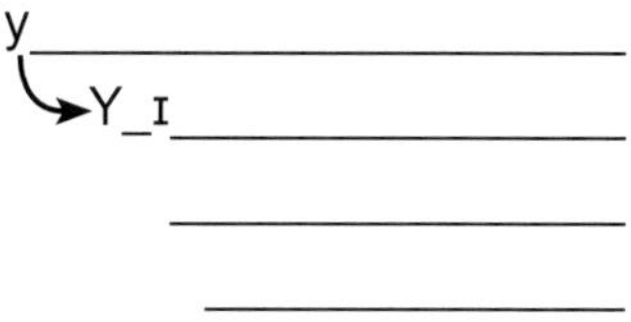

y
↳Y_ɪ

e) Besonderheiten

Lautkombinationen
ü + ch = [y:] oder [Y]   Bücher [y:] - Brüche [Y]

Wörter: ü trotz mehrerer Konsonanten lang:

Wüste [vy:stə], düster [dy:stɐ], Rüsche [ry:ʃə]

f) Übungen

f1) Phonetisches Diktat (nur Symbole für Vokale einsetzen)

my:ni:	mɛnɛ	Büro	Stückwerk
mYnɪ	mi:ny:	Tirol	glückselig
me:ny:	mi:nə	Physik	Lyriker
mi:nY	mɛ:nɪ	lügenhaft	Hypochonder
mɛny:	my:ny:	hüllenlos	masochistisch

f2) Transkription (nur Vokale)

für	lyrisch	Bürokrat	Philologie
fünf	künden	Hyäne	Sündenbock
Tür	Hündin	zügellos	betrüblich
kühn	künstlich	künstlerisch	Wünschelrute
Stümper	schmücken	Mythologie	Ankündigung

f3) Lektüre phonetischer Texte

my:tʊ	mYtə	[ˈmy:tə]	[ˈty:r]
mYtʊ	mʊtY	[ˈky:r]	[ˈdYn]
my'to:	mɔtY	[ˈdYnə]	[ˈkYndən]
maty:	matY	[ˈbYrstə]	[poly'ga:m]
mɪtY	ma:ty:	[grYndɐ]	[lYkənby:sɐ]

f4) Lektüre

Wörter mit [y:]

für süß Lüge schnüren Wüste büßen Mythos Typhus

Wörter mit [y]

Physik Zylinder Pyramide Myriaden Physiologie

Wörter mit [Y]

Müll küssen Mütter Küste Mystik Rüssel künstlerisch

Wörter gemischt

südlich gemütlich tyrannisch lüstern Wüstling Küster

Wortpaare	[y: - Y]	fühlen – füllen;
	[y: - i:]	Mythe – Miete;
	[Y – ɛ]	Hütte – hätte; schützen – schätzen;

Sätze

Übermut tut selten gut.

Übung macht den Meister.

Glücklich ist, wer vergisst, was einmal nicht zu ändern ist.

4. Die ö-Laute

a) Allgemeines

Das Deutsche kennt 3 ö-Laute: [øː], [ø] und [œ]. Man könnte sie – wie die ü-Laute – als Mischlaute bezeichnen, weil sie die Position von Zunge und Lippen von zwei Lauten übernehmen.

So hat [øː] die Zungenposition von [eː] und die Lippenrundung von [oː].

b) [øː]

b1) Artikulation

Die Lippen sind so stark gerundet wie beim [oː].
Der vordere Zungenrücken wird so stark gehoben wie beim [eː].

Die Zungenspitze berührt die unteren Zähne.
Die Stimmbänder sind in Bewegung.

b2) Definition

ø: ______________	[ø:] ist ein langer, halb geschlossener Vorderzungenvokal mit Lippenrundung.

b3) Fehler

Deutsche: Ostpreußen vergessen die Lippenrundung. [ø:] klingt dann wie
[e:]
Beispiel: schön → scheen
Abhilfe: Man übt die Lautreihe: [o:] [e:] [ø:]

b4) Schreibung

Buchstaben	nähere Angaben	Beispiele
öh		Söhne, stöhnen
ö + 1 Konsonant		Öl, tönen

eu	in frz. Wörtern, betont	Fri'seur, Chau'ffeur

Tabelle 24: Schreibung des Lautes [øː]

c) [ø]

c1) Artikulation:

wie bei [øː], die Qualität ist die gleiche, die Quantität ist verschieden.
Der Laut trägt nie einen Akzent.

c2) Definition

ø

[ø] ist die kurze, unbetonte Variante des [øː].

c3) Fehler

Deutsche: Es klingt wie [ɔ], d.h. die Zunge ist hinten gehoben statt vorn.

c4) Schreibung

Buchstaben	nähere Angaben	Beispiele
ö + 1 Konsonant	unbetont	Ökolo'gie. Zöli'bat

Tabelle 25: Schreibung des Lautes [ø]

d) [œ]

d1) Artikulation

Die Lippen haben die gleiche Rundung wie bei der Bildung von [ɔ].
Der vordere Zungenrücken ist wenig gehoben wie beim [ɛ].
Die Zungenspitze ist an den unteren Zähnen.
Die Stimmbänder sind in Bewegung.

d2) Definition

œ [œ] ist ein kurzer, halb offener Vorderzungenvokal mit Lippenrundung.

d3) Fehler

Allgemein: Es klingt wie [ɔ], d.h. die Zunge ist hinten gehoben, nicht vorn.

d4) Schreibung

Buchstaben	nähere Angaben	Beispiele
ö + 2 Konsonanten		Löffel, zwölf

Tabelle 26: Schreibung des Lautes [œ]

e) Besonderheiten

ö + ß = [ø:] Größe

ö + st = [œ] östlich, aber trösten, rösten [ø:], am höchsten wg. Analogie zu hoch [o:]

f) Übungen

f1) Phonetisches Diktat (nur Vokale)

mønœ	mYnø:	los	turbulent
me:nø:	my:ni:	wann	Akzent
mœnə	mø:ne:	Hund	Initiative

mɛ:nœ	mo:nœ	böse	Sinnbild
mɛ:nɛ	mɔnœ	übel	Frühstück

f2) Transkription (nur Vokale)

Höre viel und rede wenig.
Das Mädchen ist sehr schön.
Er lernte wöchentlich vierhundert Wörter.
Böse Menschen kommen in die Hölle.
Nimm höchstens vier Löffel täglich von dieser Medizin.

f3) Lektüre phonetischer Texte

te:ka	po:ta:m	[ta'bu:]	[ba'na:l]
pu:tɛ	ki:ti:	[bɪtə]	[mø:rə]
ka:ki:	kœtœ	[dYn]	[dy:rɐ]
ky:ta	kʊtʊ	[kalo'ri:]	[metas'ta:zən]
pənə	pYnœ	[te:ma]	[to'ma:tə]

f4) Lektüre

Wörter

Land Hut hübsch Kind Brötchen Spiegel Vokal Konsonanten

Wortpaare

Mähre – Möhre; Läden – löten; Säckchen – Söckchen;

Sätze

Wer nicht hören will, muss fühlen.
Mit den Wölfen muss man heulen.
Pünktlichkeit ist die Höflichkeit der Könige.

VIII. Mittelzungenvokal

1. Allgemeines

Das Deutsche hat nur einen Mittelzungenvokal, der sehr häufig auftritt und gleichzeitig sehr gefährdet ist.

Er ist sprachhistorisch eine Abschwächung anderer Vokale. Man bezeichnet ihn deswegen in der englischen Phonetik als „schwa".

Auch das phonetische Symbol – ein auf den Kopf gestelltes [ə] – deutet auf die Schwäche und Blässe dieses Lautes hin.

2. [ə]

a) Artikulation

Der mittlere Zungenrücken ist etwas gehoben.
Die Zungenspitze berührt die unteren Zähne.
Die Lippen sind leicht geöffnet, ganz entspannt.
Die Stimmbänder sind in Bewegung.

b) Definition

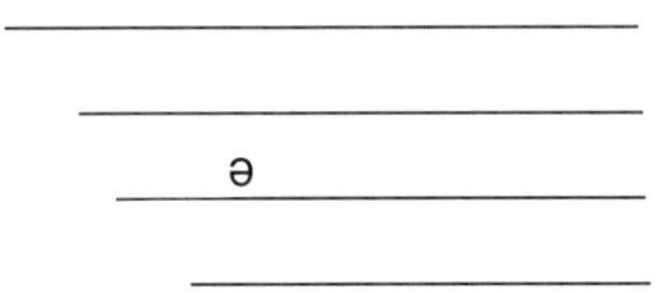

ə

[ə] ist ein kurzer, immer unbetonter Mittelzungenvokal.

c) Schreibung

Buchstaben	**nähere Angaben**	**Beispiele**
-e	in unbetonten Nachsilben	Tante
-en		lachen
-em		Atem
-el		Vogel
be-	in unbetonten Vorsilben	beginnen
ge-		gefallen

Tabelle 27: Schreibung des Lautes [ə]

d) Fehler

Deutsche: Der Laut sollte nie qualitativ aufgewertet werden, d.h. durch [ɛ] ersetzt werden. Beispiel: Katze [katsɛ].

Die Nachsilbe -or [ɔr] darf niemals abgeschwächt werden.
Beispiel: Doktor [dɔktɔr], nicht [dɔktər]

Umgangssprachliche Tendenzen: Oft fällt das [ə] in den unbetonten Nachsilben ganz aus, und es stellen sich Assimilationen ein (vgl. dazu Kapitel XVII).

Beispiel:
Gabel [ga:bəl] → [ga:bl]
haben [ha:bən] → [ha:bn] → [ha:bm] → [ha:m]
sagen [za:gən] → [za:gn] → [za:gŋ]
besser [bɜsər] → [bɛsɐ]

e) Übungen

e1) Phonetisches Diktat (nur Vokale)

mi:nə	mɔnə	Bitte	Lust
me:nə	məna:	Bote	lüstern
mɪnə	mu:nə	begabt	Lippe
mənə	mɪnɪ	gesüßt	Beginn
ma:nə	mɜnɜ	Type	Gefälle

e2) Transkription (nur Vokale)

Mann	man	Tor	Tortur
Qual	Kunst	Seele	können
Ecke	Kette	Mühle	betrübt
Osten	Norden	Westen	Wetter
Ente	Dogge	ertragen	empfehlen

e3) Lektüre phonetischer Texte

my:tə	be'tɑ	[ty:tə]	[gə'fy:l]
mYtY	nɔtɔ	[tɔnə]	[bə'dro:t]
mʊtə	gəmy:	[mø:gən]	[bətry:pt]
mətə	bɪtər	[ma:gən]	[ɛmpa'ti:]
mœtə	mɛ:nə	[bə'to:nt]	[ɛntən]

e4) Lektüre

Wörter mit [ə]

Tasse Kette Klette Tonne Sonne denken singen mögen führen verführen Siegel Gabel Zwiebel Single Winter hinter empfehlen entfernen erzürnen schöner Bruder

Sätze

Wer andern eine Grube gräbt, fällt selbst hinein.
Ein voller Bauch studiert nicht gern.
Lügen haben kurze Beine.
Neue Besen kehren gut.
Unter den Blinden ist der Einäugige König.

IX. Nasalvokale

1. Allgemeines

Die Nasalvokale gehören nicht zum ursprünglichen Lautbestand des Deutschen. Sie sind durch die Aufnahme französischer Wörter ins Land gekommen und haben sich bis heute erhalten. Allerdings sind auch einige Wörter, die häufig gebraucht werden, eingedeutscht worden.

2. Geschichte

Seit dem 16. Jahrhundert lässt sich der französische Einfluss auf die Sprache beobachten. Gründe dafür sind politischer Natur.

Karl V., entschiedener Gegner der Reformation, korrespondiert mit den deutschen Höfen auf französisch. Nach dem Hugenottenkrieg 1685 finden Scharen von Protestanten – nahezu eine Viertelmillion – Zuflucht in Deutschland. Vor allem Berlin profitiert von diesem Zustrom. Der typische Berliner Humor und seine generelle Sprachgewandtheit wird auf diesen französischen

Einfluss zurückgeführt. Die Flüchtlinge kommen aus allen Gesellschaftsschichten, darunter sind auch viele Französischlehrer.

Im 17. Jahrhundert wird der Einfluss, besonders durch das Wirken des Sonnenkönigs Ludwig XIV. übermächtig.

Friedrich der Große lädt Voltaire zu sich ein und parliert mit ihm auf französisch. Nur mit seinen „Pferden spricht er deutsch".

3. [ã:, ã, õ:, õ, ɛ̃:, ɛ̃, œ̃]

a) Artikulation

Es handelt sich um 7 Vokale deren nasale Färbung dadurch entsteht, dass das Gaumensegel gesenkt wird.

Der vordere oder hintere Zungenrücken ist gehoben.
Die Zungenspitze liegt an den unteren Zähnen.
Die Lippen sind gerundet oder breit.
Das Gaumensegel ist gesenkt.
Die Stimmbänder sind in Bewegung.

b) Definition

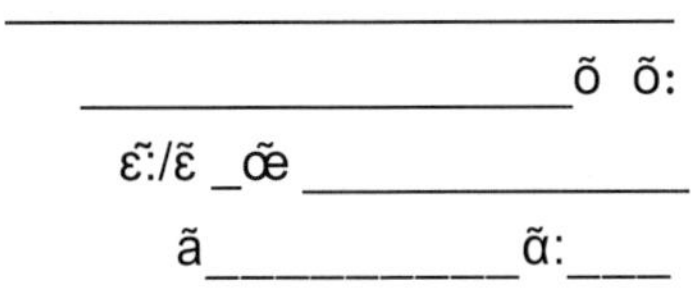

________________õ õ:
ɛ̃:/ɛ̃ _œ̃ ____________
ã__________ɑ̃:___

Die 7 Nasalvokale sind Vorder- und Hinterzungenvokale mit verschiedener Klangfarbe, mit und ohne Lippenrundung.

c) Schreibung

Buchstaben	nähere Angaben	Beispiele
-ant	in frz. Wörtern	Pendant [pã'dɑ̃:]
-on	in frz. Wörtern	Bonbon [bõ'bõ:]
-in, -ein	in frz. Wörtern	Kretin [kre'tɛ̃]
-un, -um	in frz. Wörtern	Parfum [par'fœ̃]

Tabelle 28: Schreibung der Nasallaute

d) Fehler

Deutsche Der Nasalvokal wird oft durch den nasalen Konsonanten [ŋ] ersetzt.
Teint [tɛ̃:] > [tɛ:ŋ]

e) Besonderheiten

Deutsche Wörter aus der Militärsprache und andere im Alltag häufig gebrauchte Wörter werden eingedeutscht, d.h. sie verlieren die Nasalierung.

Adjutant [-ant]
Parfum [par'fy:m]

f) Übungen

f1) Phonetisches Diktat (nur Vokale)

mi'nõ:	mo:nu:	Teint	Akzent
ma'nɛ:	mi:na	Refrain	Tortur
mu'nœ:	ma'nɑ̃:	Salon	Klingel
me'nɑ̃:	mi'nɛ:	Madame	penetrant
mo'nő:	mʊnʊ	Chanson	Kommunikation

f2) Transkription

und	Bonbon	Rektor	Myriade
matt	Öl	Mama	Saint Paul
für	niemand	Mutter	elegant
Teint	küssen	müde	Prototyp
Bon	Köln	Mitte	Monotonie

f3) Lektüre phonetischer Texte

kɛ:	ke'tõ:	[te:]	[par'fy:m]
ka:	ki'tã	[a'plõ:]	[tele'gram]
kœ:	ku'tœ:	[tɑ:bak]	[pɔstbo:tə]
kõ:	ko'tœ:	[do:ra]	[kre'tɛ̃:]
kã	kata	[antɔn]	[par'fœ̃:]

f4) Lektüre von Texten

Refrain	Pension	Balkon	Karton
Chance	Cousin	Parfum	Salon

Sie hatte viele Cousins, aber nur eine Cousine.
Meine Fasson selig zu werden, ist nicht die deine.
Sie empfand die Frage als penetrant.

X. Diphthonge

1. Allgemeines

Das Deutsche besitzt nur drei Diphthonge. Jeder Diphthong besteht aus 2 Komponenten. Da das 1. Element den Akzent trägt, bezeichnet man sie als „fallende Diphthonge".

2. [ai]

a) Artikulation

Der höchste Punkt der Zunge gleitet vom [a] zum [i].

b) Fehler

Amerikaner, Engländer: Der Diphthong klingt wie [a:i], d.h. er klingt zu dunkel.

c) Schreibung

Buchstaben	nähere Angaben	Beispiele
ei		Brei, zwei
ai		Mai, Kaiser
ey		Meyer
ay		Bayern
y	in engl. Wörtern	Nylon

Tabelle 29: Schreibung des Diphthongs [ai]

3. [au]

a) Artikulation

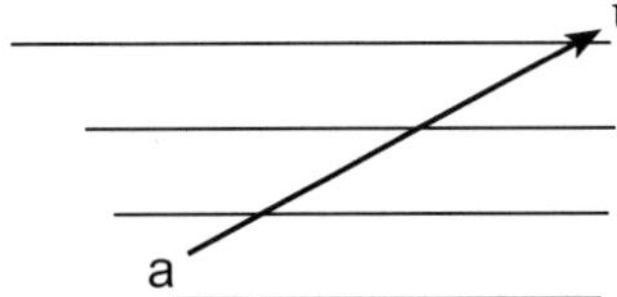

Der höchste Punkt der Zunge gleitet vom [a] zum geschlossenen [u].

b) Fehler

Amerikaner, Engländer: Es klingt wie [a:u].

Abhilfe: Der Diphthong beginnt mit einem helleren und kürzeren [a], das vorn im Mund gebildet wird.

c) Schreibung

Buchstaben	nähere Angaben	Beispiele
au		Haus, Maus
ow	in engl. Wörtern	Clown

ou	in engl. Wörtern	Couch

Tabelle 30: Schreibung des Diphthongs [au]

4. [ɔy]

a) Artikulation

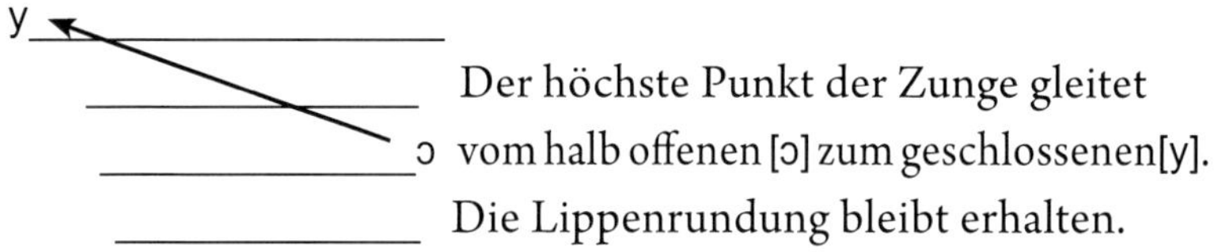

Der höchste Punkt der Zunge gleitet vom halb offenen [ɔ] zum geschlossenen[y]. Die Lippenrundung bleibt erhalten.

b) Fehler

Allgemein: Zu vermeiden ist der Laut [ɔiː]. Dabei geht die Lippenrundung verloren und der Laut klingt gequetscht.

c) Schreibung

Buchstaben	nähere Angaben	Beispiele
eu		Leute, heute
äu		läuten
oi	in engl. Wörtern	Boiler
oy	Lloyd	

Tabelle 31: Schreibung des Diphthongs [ɔy]

d) Besonderheiten

In der Umgangssprache ist die Tendenz vorhanden, „neue Diphthonge“ zu bilden. Dies geschieht nur bei folgendem r.

er- in Vorsilben [ɛr] >[ɛɐ]

Beispiele: erfahren [ɛɐ'fa:rən]
vergessen [fɛɐ'gɛsən]
zerlegen [tsɛɐ'le:gən]

In Wörtern mit einem langen Vokal + r wird das r zu einem unsilbischen [ɐ].

Beispiele: Bar [ba:ɐ] Tor [to:ɐ] Kur [ku:ɐ] Heer [he:ɐ] Tier [ti:ɐ] Tür [ty:ɐ]

e) Übungen

e1) Phonetisches Diktat (nur Vokale und Diphthonge)

maini:	mø:nœ	Teil	heiter
mɔynə	mɔyny:	Bau	läuten
mɑ:nau	mo:ne:	Reis	können
mYnɔy	maunɔ	teuer	Mainau
mainɛ:	maunœ	Traum	Heidelberg

e2) Transkription (nur Vokale und Diphthonge)

vier	laut
vor	leise
fein	heiß
dumm	Suse
schön	Süße

e3) Lektüre phonetischer Texte

[main man]
[dainə frau]
[hɔytə a:bənt]
[mɔrgən fry:]
[halo lɔytə]

e4) Lektüre

frei	Tau	scheu
Bein	Brauch	treu
scheinheilig	Kaugummi	Meuterei

Einmal ist keinmal.
Eile mit Weile.
Aus den Augen, aus dem Sinn.
Geteilte Freude ist doppelte Freude.
Gebranntes Kind scheut das Feuer.

XI. Konsonanten

1. Allgemeines

Die Vokalarmut der deutschen Sprache haben wir bereits erwähnt (vgl. Kap. V). Daraus ergibt sich natürlich ein entsprechender Reichtum an Konsonanten.

Untersuchen wir das Verhältnis dieser zwei Lautgruppen in modernen deutschen Texten, so stellen wir folgendes Verhältnis fest.

Autor	**Vokale**	**Diphthonge**	**Konsonanten**
Hesse	21	5	64
Mann	27	4	69
Walser	31	2	67

Tabelle 32: Vokale / Konsonanten im Deutschen (6)

Da das Deutsche als germanische Sprache aus der indoeuropäischen Sprache hervorgegangen ist, lässt sich die Ursache für dieses Verhältnis im Sanskrit finden:

Sanskrit-Text	Vokale	Diph-thonge	Konsonanten
Sanskrit-Wörter-buch	36		64

Tabelle 33: Vokale / Konsonanten im Sanskrit (7)

Entscheidend ist die Festlegung des Akzents auf die Wurzelsilbe im Germanischen. Dabei werden Vokale abgeschwächt bzw. beseitigt. Dieser Prozess schreitet in der Umgangssprache fort:

Beispiel: Menschen [ʻmɛnʃən] → [ʻmɛnʃn]

2. Klassifikation der Laute

a) Vokale / Konsonanten

Vokale entstehen, wenn der Luftstrom bei der Bildung des Lautes ungehindert den Mund verlassen kann.

Konsonanten entstehen, wenn der Luftstrom an irgendeiner Stelle behindert wird.

Folge: Eine konsonantenreiche Sprache ist also wegen der ständigen Blockaden und Behinderungen schwerer zu sprechen und zu singen als eine, die reich an Vokalen ist.

b) Klassifikation der Konsonanten

b1) Artikulation

Die Konsonanten können aufgrund ihrer unterschiedlichen Artikulation (Ort und Modus) in Gruppen eingeteilt werden:

Nasallaute entstehen, wenn der Luftstrom durch die Nase entweicht, das Gaumensegel also gesenkt ist.

Explosivlaute entstehen, wenn an einer Stelle im Mund ein Verschluss gebildet, dahinter die Luft gestaut und der Verschluss plötzlich geöffnet wird, so dass es zu einer Explosion kommt (Aspiration).

Frikativlaute entstehen, wenn statt eines Verschlusses nur eine Enge gebildet wird, durch die die Luft gepresst wird.
Dabei entsteht Reibung (Friktion).

Frikativlaute sind zahlenmäßig die größte Gruppe unter den Konsonanten.

Glottale Laute entstehen an den Stimmbändern, die entweder geöffnet oder geschlossen sind.

XII. Nasale

1. Allgemeines

Man unterscheidet 3 Nasale: [m] [n] [ŋ]
Bei der Bildung dieser Laute entweicht die Luft durch die Nase:
Das Gaumensegel ist also gesenkt.
Alle Laute sind stimmhaft.

2. [m]

a) Artikulation

Die Lippen liegen so aufeinander, dass sie einen Verschluss bilden.
Das Zäpfchen ist gesenkt, die Luft entweicht durch die Nase.
Die Stimmbänder sind in Bewegung.

b) Definition

[m] ist ein stimmhafter, bilabialer Nasallaut.

c) Schreibung

Buchstaben	nähere Angaben	Beispiele
m		mir, Dame, im
mm		Himmel, Kamm

Tabelle 33: Schreibung des [m]

d) Besonderheiten

Stimmhafte Laute – wie das [m] – werden durch ihre Umgebung oft entstimmt. Geht ein stimmloser Konsonant voraus, wie im Beispiel atmen [ˈa:tmən], so verliert der Laut [m] einen Teil seiner Stimmhaftigkeit, d.h. er wird härter ausgesprochen.
Man nennt solche Veränderungen Assimilationen.
Bei dem Beispiel atmen handelt es sich also um eine progressive Assimilation.

3. [n]

a) Artikulation

Die Zungenspitze liegt an den oberen Zähnen und bildet dort einen Verschluss.
Das Zäpfchen ist gesenkt, die Luft entweicht durch die Nase.
Die Stimmbänder sind in Bewegung.

b) Definition

[n] ist ein stimmhafter, dentaler Nasallaut.

c) Schreibung

Buchstaben	nähere Angaben	Beispiele
n	außer vor g, k	neu, Biene, an
nn		Mann, können

Tabelle 34: Schreibung des [n]

d) Besonderheiten

Entstimmung.

n nach stimmlosen Konsonanten wie [p, t, k] wird entstimmt:
Beispiel: Knie [kni:]

Umgangssprachliche Assimilationen:

n vor f → mf
Beispiel: sanft [mft], Senf [mf]

4. [ŋ]

a) Artikulation

Der hintere Zungenrücken hebt sich gegen den weichen Gaumen und bildet so einen Verschluss.
Das Zäpfchen ist gesenkt, die Luft entweicht durch die Nase.
Die Stimmbänder sind in Bewegung.

b) Definition

[ŋ] ist ein stimmhafter, velarer Nasallaut.

c) Schreibung

Buchstaben	nähere Angaben	Beispiele
ng-	inlautend vor e	singen, bangen
-ng	auslautend	Klang, Ring
nk-	inlautend	denken [dɛŋkən]

Tabelle 35: Schreibung des [ŋ]

d) Fehler

Sehr häufig wird der Laut [ŋ] von Ausländern [ŋg] gesprochen. Das ist ein Kardinalfehler und sollte unbedingt vermieden werden. Er verfälscht die Sprache und macht sie klanglich härter, als sie ist.

Gerade so weiche Laute wie das [ŋ] in Klang [klaŋ] und klingen [klɪŋən] sollten nicht verändert werden.

e) Besonderheiten

ng + Vokal [ŋg]
Beispiel: Mongole [mɔŋ'go:lə]

Norddeutsche: im Auslaut wird -ng entstimmt
Beispiel: jung [jʊŋ] → [jʊŋk]

Assimilationen:

ugs. unklar, ungenau [ʊnkla:r] → [ʊŋkla:r] regressive Assimilation

Längung der Konsonanten:

Stoßen zwei gleiche Nasale in zusammengesetzten Wörtern oder im Satz aufeinander, so werden sie nicht einzeln gesprochen, sondern der Laut wird etwas gelängt.

Beispiele: ummelden, unnötig, in Nacht und Nebel

Diese Längung wird in der Umgangssprache nicht mehr beachtet: also mm = [m] oder [n]

e) Übungen

e1) Phonetische Diktate

Mann	Amme
nahm	Anker
eng	ankam
mein	Annahme
Nonne	hinken

e2) Transkription

hing	klingen	Mongole
Tang	tunken	Tribunal
ein	trunken	Herbsttag
Baum	fangen	am Morgen
Ton	danken	Anger

e3) Lektüre phonetischer Texte

nɔɳ	mYnYɳ	[te:]	[maistər]
nɔɳga	nɛnə	[hɛɳtə]	[maistɐ]
mɔynə	nɛnɛɳ	[fɪɳə]	[rʊndʊɳ]
mø:nœ	mɪnɪɳ	[dʊɳkəl]	[aplɛɳkʊɳ]
nʊnʊ	ʊɳʊɳ	[kœln]	[fɛnome’na:l]

e4) Lektüre von Texten

Wer zuerst kommt, mahlt zuerst.
Wie gewonnen, so zerronnen.
Je enger der Käfig, je schöner die Freiheit.
Drei Dinge machen einen guten Meister: Wissen, Können und Wollen.
Der Mensch denkt, Gott lenkt.

Die Melodie unserer Zeit wird in Banknoten geschrieben.
Anfang Zwanzig ist das Längenwachstum abgeschlossen. Dann muss das Tiefenwachstum einsetzen.
Auch Denker denken meist nur nach. Nicht vor.

XIII. Explosivlaute

1. Allgemeines

Man unterscheidet 6 Explosivlaute, die in Paaren auftreten: [p] [b] [t] [d] [k] [g], d.h. sie lassen sich in stimmhafte und stimmlose Laute einteilen.

Es sind insbesondere die stimmlosen Explosivlaute [p t k], die dafür sorgen, dass die deutsche Sprache so „hart“ klingt.

Bei der Bildung dieser Laute lassen sich 3 Phasen unterscheiden:

1. Man bildet an einer Stelle im Mund einen Verschluss.
2. Man staut Luft dahinter.
3. Man öffnet den Verschluss plötzlich, wobei es zu einer Explosion kommt.

Der Grad der Explosion (Aspiration) ist vom Wortakzent und der Stellung des Konsonanten im Wort (An-, In-, Auslaut) abhängig (s. unten Besonderheiten).

2. [p]

a) Artikulation

Die Lippen liegen aufeinander (Verschluss).
Die Luft wird dahinter gestaut.
Die Lippen öffnen sich plötzlich.
Die Stimmbänder sind nicht in Bewegung.

b) Definition

[p] ist ein stimmloser, bilabialer Explosivlaut.

c) Schreibung

Buchstaben	nähere Angaben	Beispiele
p	in allen Positionen	Paar, Lupe, Lump
pp		Puppe, knapp

-b	auslautend	Dieb [di:p]
pf	in allen Positionen	Pferd, Apfel, Kampf

Tabelle 36: Schreibung des [p]

3. [b]

a) Artikulation

Wie bei [p], nur die Stimmbänder sind in Bewegung.

b) Definition

[b] ist ein stimmhafter, bilabialer Explosivlaut.

c) Schreibung

Buchstaben	nähere Angaben	Beispiele
b	An- und Inlaut	Bad, aber
-bb-		Ebbe

Tabelle 37: Schreibung des [b]

4. [t]

a) Artikulation

Die Zungenspitze legt sich an den oberen Zahnrand und bildet dort einen Verschluss.

Die Luft staut sich dahinter und entweicht mit hörbarer Explosion. Die Stimmbänder sind nicht in Bewegung.

b) Definition

[t] ist ein stimmloser, alveolarer Explosivlaut.

c) Schreibung

Buchstaben	nähere Angaben	Beispiele
t	in allen Positionen	Tür, Miete, Boot
tt	In- und Auslaut	Mitte, Bett
th	in Lehn- und Fremdwörtern	Thema, Luther, Edith
dt		Stadt
d	im Auslaut, Silbenauslaut	Bad [t], endlich [t]

Tabelle 38: Schreibung des [t]

5. [d]

a) Artikulation

wie bei [t], nur Stimmbänder in Bewegung

b) Definition

[d] ist ein stimmhafter, alveolarer Explosivlaut.

c) Schreibung

Buchstaben	nähere Angaben	Beispiele
d	an/inlautend	da, oder
dd		Widder

Tabelle 39: Schreibung des [d]

6. [k]

a) Artikulation

Der hintere Zungenrücken ist gegen den weichen Gaumen gehoben und bildet einen Verschluss.

Nach Auflösung des Verschlusses entweicht die Luft mit hörbarer Explosion.
Die Stimmbänder sind nicht in Bewegung.

b) Definition

[k] ist ein stimmloser, velarer Explosivlaut.

c) Schreibung

Buchstaben	nähere Angaben	Beispiele
k		Kuh, Türke, Bank
ck		Ecke, Sack
g	auslautend, aber ig [ɪç] und -ng [ŋ]	Berg [k]
chs	zum Stamm gehörig	Fuchs [ks] aber: höchstens, nächstens, streichst [çs]
x		Hexe [ks]
qu		Qual [kv]

c	anlautend in Fremdwörtern vor r,l, HZV	Clown, Carmen
ch	anlautend in griech. Wörtern vor HZV	Chor, Charakter

Tabelle 40: Schreibung des [k]

7. [g]

a) Artikulation

wie bei [k], nur Stimmbänder in Bewegung.

b) Definition

[g] ist ein stimmhafter, velarer Explosivlaut.

c) Schreibung

Buchstaben	nähere Angaben	Beispiele
g	nicht auslautend	ganz, Lüge
gg		Roggen

Tabelle 41: Schreibung des [g]

d) Fehler (alle Explosivlaute)

Sprecher romanischer Sprachen: Sie unterscheiden zu wenig zwischen dem stimmlosen Laut [p] und dem stimmhaften [b].
Abhilfe: Vor allem im Anlaut muss [p] mit Aspiration gesprochen werden, etwa wie [ph].
Diese starke Aspiration ist ein Charakteristikum der germanischen Sprachen.

Im Sächsischen/Schwäbischen: Auch hier findet sich eine mangelhafte Dialekt-Unterscheidung zwischen [p] und [b]
Beispiel: Er hatte Gebäck [b] im Gepäck [p].

e) Besonderheiten

e1) Aspiration

Alle stimmlosen Explosivlaute [p t k] werden mit Behauchung oder Aspiration gesprochen, abhängig von ihrer Stellung im Wort. Man unterscheidet dabei 3 Grade, die hier graphisch so umgesetzt werden:

1. starke Aspiration: h
2. schwache Aspiration : h
3. keine Aspiration: -

1. starke Aspiration im Anlaut vor akzentuiertem Vokal: 'kann [khan]

2. schwache Aspiration
   a) im Anlaut vor nicht-akzentuiertem Vokal: Katarrh [kha'thar]
   b) im Inlaut: Macke [makhə]
   c) im Auslaut: Tag [thɑ:kh]
   d) bei zwei Explosivlauten wird nur der letzte aspiriert: Akt [akth]

3. keine Aspiration: sk = Skandal [skan'da:l]
k vor ə, Brücke [brYkə]

Diese enge Umschrift wird normalerweise nicht gebraucht, sie dient hier lediglich als Hilfsmittel für das Verständnis der unterschiedlichen Aspiration.

e2) Längung

Stoßen zwei Explosivlaute in zusammengesetzten Wörtern aufeinander, so wird von dem 1. der Verschluss und von dem 2. die Explosion gebildet. Statt zweier Explosionen kommt es zu einer Längung des Lautes:

Beispiele: Ab-bild [ap-bɪlt]
Mit dir geht alles besser. [mɪt-diːɐ geːt aləs bɛsɐ]

8. Übungen

a) Transkription

Kant	Pakt
ganz	nackt
Klang	Markttag
Dank	Bankkonto
Abt	Anklang

b) Welche Explosivlaute kommen in folgenden Wörtern vor?

Zug	Beratung
Kind	Fluggast
Dachs	Dankgebet
Taxi	Luftdruck
Darmstadt	Denkkraft

c) Lektüre

Alte Bienen geben wenig Honig.
Wenn man viel hineinzustecken hat, hat der Tag hundert Taschen. (Nietzsche)
Auf einen groben Klotz gehört ein grober Keil.
Gleich und gleich gesellt sich gern.
Wer andern eine Grube gräbt, fällt selbst hinein.

XIV. Frikativlaute

1. Allgemeines

Die größte Gruppe deutscher Konsonanten sind die Frikativ- oder Reibelaute. Man könnte sagen, sie sind nicht so extrem wie die Explosivlaute. Statt eines Verschlusses, bilden sie eine Enge im Mund, durch die die Luft gepresst wird.

Man unterscheidet insgesamt 10 Laute: [x] [ç] [j] [ʃ] [ʒ] [s] [z] [f] [v] [l] und die r-Laute, die gesondert behandelt werden.

2. [x] = „der ach-Laut“

a) Artikulation

Die Hinterzunge ist gegen den weichen Gaumen gehoben und bildet dort eine Enge.
Die Zungenspitze liegt an den unteren Zähnen.

Die Stimmbänder sind nicht in Bewegung.
Es handelt sich um einen typisch deutschen Laut, der auch beim Gurgeln zu hören ist.

b) Definition

[x] ist ein stimmloser, velarer Frikativlaut.

c) Schreibung

Buchstaben	nähere Angaben	Beispiele
ch	nach a, o, u und au	lachen, Tochter, Buch

Tabelle 42: Schreibung des [x]

d) Fehler

Amerikaner, Engländer: ersetzen das [x] durch [k]. Die Übung ach – ak sollte dazu führen, dass der Unterschied zwischen einem Verschluss und einer Enge wahrgenommen wird.

3. [ç] = „der ich-Laut“

a) Artikulation

Die vordere Zunge ist gegen den harten Gaumen gehoben und bildet dort eine Enge.
Die Zungenspitze ist an den unteren Zähnen.
Die Stimmbänder bewegen sich nicht.

b) Definition

[ç] ist ein stimmloser, palataler Frikativlaut.

c) Schreibung

Buchstaben	nähere Angaben	Beispiele
ch	nach i, e, ä, ö, ü, ai, ei, äu, eu	ich, frech, reich, euch
ch	nach r, l, n	Kirche, Milch, Mönch
-chen		Mädchen [mɛ:tçən]

ch	vor Vorderzungenvokalen in Fremdwörtern	Chemie, Chirurg, China aber: Orchester [k]
-ig	Endung	ewig [eːvɪç]
-ig	auch wenn weitere Konsonanten folgen	er verteidigt
-ig + lich, -reich	wird zu [k] (Dissimilation)	König [ç], königlich [klɪç]

Tabelle 43: Schreibung des [ç]

d) Fehler

Franzosen, Araber: Sie ersetzen das [ç] durch das [ʃ]: Ich liebe dich [ɪʃ liːbə dɪʃ]

e) Besonderheiten

Süddeutsche: Sie ersetzen in den Wörtern China und chinesisch das [ç] durch ein [k]
Ansonsten ersetzen sie das [ç] gern durch [ʃ].
Schweizer: Der Laut ist nicht existent.

-ig	[ɪç], auch wenn noch weitere Konsonanten in derselben Silbe folgen, z.B. er verteidigt [...ɪçt] aber Dissimilation, wenn eine weitere Silbe mit [ç] folgt: König [kø:nɪç] – [kø:nɪklɪç]

4. [ʝ] = der „Berliner Laut"

a) Artikulation

wie [j], jedoch Stimmbänder bewegen sich.
Man kann mit [i:] beginnen und dann die Zunge enger gegen den Gaumen heben.

[i:] > [ʝ] > [ç]

b) Definition

[ʝ] ist ein stimmhafter, palataler Frikativlaut.

c) Schreibung

Buchstaben	nähere Angaben	Beispiele
j		ja, Boje
y	in Fremdwörtern (Silbenanfang)	loyal [loa `ja:l]
gn	in Fremdwörtern	Kognak [kɔnjak]
ill	in Fremdwörtern	Brillant [brɪl'jant]

Tabelle 44: Schreibung des [j]

d) Übungen

d1) Phonetisches Diktat (Unterscheidung von [X, ç und j])

Pech	[ç]	[tʊŋjo:]
Macht	[x]	[ɛçdɔɲk]
Jagd	[ja:kt]	[kəmʊxɔ]
dicht	[ç]	[nɪɳəpɪç]
Knecht		[ç]
Dickicht		[dɪkɪçt]
jauchzen		[j x]
Achtung		[x]

d2) Transkription [x, ç oder j]

Chinesisch richtig zu sprechen, ist schrecklich schwierig.
Das junge Mädchen machte ein trauriges Gesicht.
Welch lächerliche Kleinigkeit!

e) Lektüre

Jeder ist sich selbst der Nächste.
Ein voller Bauch studiert nicht gern.
Jugend hat keine Tugend.
Je länger Junggeselle, je länger in der Hölle.

5. [s]

a) Artikulation

Die Lippen sind breit.
Die vordere Zunge ist gegen den Zahnrand gehoben und bildet dort eine Enge.
Die Stimmbänder bewegen sich nicht.

b) Definition

[s] ist ein stimmloser, alveolarer Frikativlaut.

c) Schreibung

Buchstaben	nähere Angaben	Beispiele
s	s-aus	Glas, was
s	s-an vor Konsonant	Skandal, Skat
ß		Grüße, Fuß
ss		Flüsse
sp/st	-in, -aus	Knospe, Hast
z		zu [tsu:]
c	vor e in frz. Wörtern	Annonce

Tab. 45: Schreibung des [s]

6. [z]

a) Artikulation

s. [s], aber Stimmbänder sind in Bewegung.

b) Definition

[z] ist ein stimmhafter, alveolarer Frikativlaut.

c) Schreibung

Buchstaben	nähere Angaben	Beispiele
s	s-an/in vor Vokal	süß, lesen

Tab. 46: Schreibung des [z]

d) Übungen

d1) Phonetisches Diktat [s] oder [z]

Saat	Tasse
Zahl	Maß
Bass	süß
Base	März
Satz	Basar

d2) alle Konsonanten

Kunst	Dienstag
Jagd	Chinese
Obst	jugendlich
Erbse	Tabakdose
Päckchen	Kostenpunkt

d3) Transkription

Mach doch den Mund zu.
Sie ist noch nicht achtzig.
Sechs Tassen Tee sind genug.
Können Sie Gedanken lesen?
Mensaessen ist gesund.

e) Lektüre

Wie man in den Wald schreit, so schallt es wieder heraus.
Sage mir, mit wem du umgehst, und ich will dir sagen, wer du bist.
Steter Tropfen höhlt den Stein.

7. [ʃ]

a) Artikulation

Die Lippen sind stark vorgestülpt (Kussstellung).
Die vordere Zungenspitze ist gegen den harten Gaumen gehoben, so dass dort eine Enge entsteht. Die Stimmbänder bewegen sich nicht.

b) Definition

[ʃ] ist ein stimmloser, palataler Frikativlaut mit runden Lippen.

c) Schreibung

Buchstaben	nähere Angaben	Beispiel
sch		schön, Tasche, Fisch
st/sp	st/sp -an	Stein, Spiel
ch	in frz. Wörtern	Chef, Chance
sh	in engl. Wörtern	Shorts

Tab. 47: Schreibung des [ʃ]

d) Besonderheiten

Norddeutsche: Sie sprechen das anlautende st/sp meist [st/sp]

Fremdwörter: Sie werden eingedeutscht, aber mitunter hört man auch [st/sp] z.B. Start, Statue, Stil, spontan

8. [ʒ]

a) Artikulation

s. [ʃ], aber die Stimmbänder sind in Bewegung.

b) Definition

[ʒ] ist ein stimmhafter, palataler Frikativlaut mit runden Lippen.

c) Schreibung

Buchstaben	nähere Angaben	Beispiele
g	vor Vorderzungenvokal	Genie Gelee Regie
j	vor Hinterzungen-vokal oder a	Jargon Journal

Tab. 48: Schreibung von [ʒ]

d) Besonderheiten

Der Laut taucht nur in Fremdwörtern auf.

e) Übungen

e1) Phonetisches Diktat (Unterscheiden Sie [x, ç, j, s, z, ʃ, ʒ])

Tisch	Schacht
mich	Gage
Schicht	Spaß
Tuch	Geschenk
Jux	Singsang

e2) Transkription (alle Konsonanten)

Skat	Spatz
Szene	Hausschuhe
Bucht	Pascha

Das Mädchen ist sechzehn.
Sonntags spricht sie nie deutsch.
Ein bisschen Glück ist zu wenig.

f) Lektüre

Jemandem die Suppe versalzen
Ein Buch mit sieben Siegeln
Nimm dir was, so hast du was.
Steter Tropfen höhlt den Stein.
Jeder ist sich selbst der Nächste.
Unter den Blinden ist der Einäugige König.

9. [f]

a) Artikulation

Die Spitze der Zunge berührt die unteren Schneidezähne.
Die Unterlippe legt sich gegen die oberen Zähne, so dass eine E n g e entsteht.
Die Stimmbänder sind nicht in Bewegung.

b) Definition

[f] ist ein stimmloser, labio-dentaler Frikativlaut.

c) Schreibung

Buchstaben	nähere Angaben	Beispiele
f		fein Ofen Hof
ff	auch fff (Komposita)	offen Schiff Schifffahrt
v	nur in dt. Wörtern	viel von ver-
v	v-aus in Fremdwörtern	Nerv
ph	in griech. Wörtern	Physik
w	in russ. Namen	Gorbatchow

Tab. 49: Schreibung von [f]

d) Besonderheiten

Nerv [f], aber Nerven [v]

pf wird in jeder Position [pf] gesprochen, außer in Norddeutschland im Anlaut [f].
Pfennig Pferd Apfel Knopf [pf]

10. [v]

a) Artikulation

wie [f], aber die Stimmbänder sind in Bewegung.

b) Definition

[v] ist ein stimmhafter, labio-dentaler Frikativlaut.

c) Schreibung

Buchstaben	nähere Angaben	Beispiele
w		Wald Löwe
v	v-an/in in Fremdwörtern	Vase Villa Klavier Vesuv

Tab. 50: Schreibung von [v]

d) Übungen

d1) Phonetisches Diktat: deutsche Wörter - Unsinnwörter

Spaß	Schwan	Saft
Pech	Teich	Dach
wachsen	Küche	schweigen
König	Mädchen	zischen
mechanisch	chinesisch	Funkkontakt

[pfo:taŋ] [ʃmu:xʒə] [za:baŋka] [dɪçvast] [ve:jo:nʊŋ]

d2) Transkription (alle Laute)

Ein Mensch erblickt das Licht der Welt,
Doch oft hat sich herausgestellt,

Nach manchem trüb verbrachten Jahr,
Dass dies der einzige Lichtblick war.

e) Lektüre

Wer viel fragt, kriegt viel Antwort.
Man muss die Feste feiern, wie sie fallen.
Frisch gewagt, ist halb gewonnen.
Wer die Wahl hat, hat die Qual.

11. [l]

a) Artikulation

Die Lippen sind leicht geöffnet.
Die Zungenspitze liegt am oberen Rand der Zähne.
Die Luft entweicht nach beiden Seiten aus dem Mund.
Die Stimmbänder sind in Bewegung.

b) Definition

[l] ist ein stimmhafter, alveolarer, lateraler Frikativlaut.

c) Schreibung

Buchstaben	nähere Angaben	Beispiele
l		Los malen Tal
ll		Quelle Wall

Tab. 51: Schreibung des [l]

d) Besonderheiten

Nach stimmlosen Konsonanten, vor allem Explosiven, erfolgt Entstimmung des [l]
Platz [plats]

Im Rheinland Velarisierung des [l], vor allem final: „dark l [ɫ]"
Karl [karɫ]

e) Übungen

e1) Phonetisches Diktat (alle Laute)

Licht Seil Taille Brille Fall schnell

e2) Transkription (alle Laute)

Land und Leute
Lust und Leid
Leib und Leben
klipp und klar
Lebe wohl

f) Lektüre

Der Mantel der Liebe bedeckt alle Fehler.
Wer den Pfennig nicht ehrt, ist des Talers nicht wert.
Der Apfel fällt nicht weit vom Stamme.
Was man nicht im Kopfe hat, muss man in den Füßen haben.
Jeder Topf findet seinen Deckel.

XV. Die r-Laute [r, r, R, ʁ]

1. Allgemeines

Es lassen sich im Deutschen 4 Varianten des r unterscheiden, die man kennen sollte, bevor man sich auf auf das heute gebräuchliche [R] festlegt.

Das Zungenspitzen-r [r] ist das ältere deutsche r. Siebs forderte es vor allem für die Bühne und Sprechberufe, da es stimmhygienisch einfacher zu sprechen ist.

Das Zäpfchen-r [R] ist im 17. Jahrhundert aus dem Französischen ins Deutsche gekommen und gleich sehr populär geworden. Zu jener Zeit herrschte in Frankreich der Sonnenkönig Ludwig XIV., der das Gesellschaftsleben, Kunst und Wissenschaft nachhaltig beeinflusste.
Nach dem Hugenottenkrieg (1685) kamen Scharen (250 000) von französischen Protestanten nach Deutschland, vor allem nach Berlin. Sie kamen aus allen Gesellschaftsschichten und arbeiteten gern als Lehrer der französischen Sprache. So trat nun neben das deutsche Zungenspitzen-r das Zäpfchen-r [R].

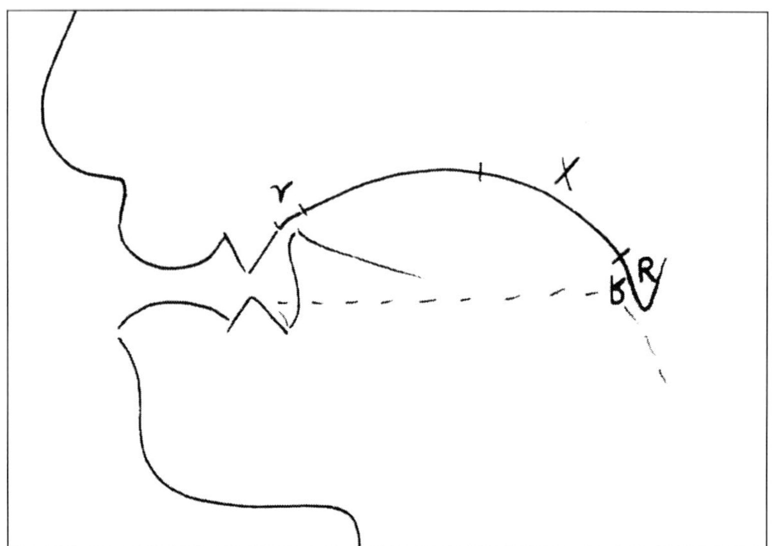

Abbildung 2: Die r-Laute

2. [r] = Zungenspitzen-r (mehrschlägig)

a) Artikulation

Die Zungenspitze berührt den Zahnrand und kommt durch die ausströmende Luft ins Schwingen. Früher forderte man ca.10 Anschläge, heute 1-2. Man darf das r also nicht zu stark rollen, sonst fällt man auf.
Die Stimmbänder sind in Bewegung.

b) Definition

[r] ist ein stimmhafter, postalveolarer Vibrant.

3. [r] = Zungenspitzen-r (einschlägig)

a) Artikulation

wie [r], aber es entsteht nur e i n Zungenschlag.
Dieses [r] wird als one-flap-r bezeichnet und wird im Englischen zwischen Vokalen gesprochen, z.B. very.
Die Stimmbänder sind in Bewegung.

b) Definition

[r̠] ist ein stimmhafter, postalveolarer Vibrant.

4. [R] = Zäpfchen-r

a) Artikulation

Die Zungenspitze liegt an den unteren Zähnen.
Der hintere Zungenrücken ist gegen das Zäpfchen gehoben, das durch die ausströmende Luft ins Schwingen gerät.
Die Stimmbänder sind in Bewegung.

b) Definition

[R] ist ein stimmhafter, uvularer Vibrant.

5. [ʁ]

a) Artikulation

Die Zungenspitze liegt an den unteren Zähnen.
Der hintere Zungenrücken ist so gegen das Zäpfchen gehoben, dass dort eine E n g e entsteht.
Die Stimmbänder sind in Bewegung.

b) Definition

[ʁ] ist ein stimmhafter, uvularer Frikativlaut.

c) Schreibung

Buchstaben	nähere Angaben	Beispiele
r		rot fahren Meer
rr		Karren wirr
rh		Rhythmus Katarrh

Tab. 52: Schreibung der r-Laute

d) Besonderheiten

d1) Artikulation

Personen aus den früheren deutschen Ostgebieten (Ost- und Westpreußen), aus Schleswig-Holstein, Bayern, Österreich und dem südlichen Baden-Württemberg sprechen das einschlägige Zungenspitzen-r.
An den Grenzen des Sprachgebiets herrscht der konservative Trend vor.

In Norddeutschland wird beim schnellen Sprechen das Zäpfchen-r [R] durch das frikative [ʁ] ersetzt. Es gewinnt immer mehr an Boden und gilt bei jüngeren Phonetikern (Mangold, Kohler) als Favorit. Mitunter entsteht dabei das [X].

Garten [gaRtən] → [gaʁtən] → [gaxtən]

d2) Vokalisierung des r in der Umgangssprache [r R] → [ɐ]

-er -ern -ert Wetter klettern klettert
er- ver- zer erkennen verzeihen zertreten
r-aus nach langem Vokal: hier mehr bar
r-aus nach langem Vokal + Konsonant: Bart

e) Übungen

e1) Phonetisches Diktat (Konsonantensymbole)

zart	Rang	lasch	Schramme
Lachs	Ballsaal	Wandtafel	langsam
Fasttag	Aktentasche	Artikel	Wartung

e2) Transkription (alle Laute)

Es wird nichts so heiß gegessen, wie es gekocht wird.
Übung macht den Meister.
Wie die Alten sungen, so zwitschern die Jungen.

f) Lektüre

Blinder Eifer schadet nur.
Probieren geht über Studieren.
Rasten heißt rosten.
Irrtümer haben ihren Wert,
Jedoch nur hie und da,
Nicht jeder, der nach Indien fährt, entdeckt Amerika.

XVI. Die glottalen Laute [h ʔ]

1. [h] = Hauchlaut

a) Artikulation

Die Zungenspitze liegt an den unteren Zähnen.
Die ausströmende Luft reibt sich an den geöffneten Stimmbändern.
Die Sprechorgane sind schon auf den folgenden Laut eingestellt.

b) Definition

[h] ist ein stimmloser glottaler Öffnungslaut.

c) Schreibung

Buchstaben	nähere Angaben	Beispiele
h	im Wort- und Silbenanlaut	Hand anhalten

h (stumm!)	vor unbeton- tem [ɪ ə ʊ]	ruhig [ru:ɪç] Ehe [e:ə]
h (stumm!)	h-aus	Zeh [tse:]

Tab. 53: Schreibung des [h]

2. [ʔ] = „Knacklaut"

a) Artikulation

wie [h], aber die Stimmbänder sind geschlossen.
Sie öffnen sich in den folgenden Laut.

b) Definition

[ʔ] ist ein Glottalverschlusslaut.

c) Gebrauch

Vor Vokal im Wortanlaut: an im Angst
Vor Vokal im Silbenanlaut: ver einen

Bei 2 aufeinanderfolgenden Vokalen m ö g l i c h:

ea	Theater [te' ʔ a:tɐ]
ae	Michael [mixa'ʔ e:l]

aber nur: Trio [tRi:o]

d) Übungen

d1) Phonetisches Diktat (alle Laute)

Hand	Ehe	Amt	
Tasse	Ruhe	zäh	
Schlacht	Handlung	komisch	herrlich

d2) Transkription (nur h und ʔ)

Wer die Wahl hat, hat die Qual.
Eigner Herd ist Goldes wert.
Verschiebe nicht auf morgen, was du heute kannst besorgen.
Wer nicht hören will, muss fühlen.
Viele Köpfe gehen schwer unter einen Hut.

e) Lektüre

Aller Anfang ist schwer.
Eine Hand wäscht die andere.

Aus den Augen aus dem Sinn.
Hoffen und Harren macht manchen zum Narren
Mit dem Hute in der Hand kommt man durch das ganze Land.

XVII. Phonetische Prozesse

1. Allgemeines

Einzellaute verändern sich unter dem Einfluss der Umgebung. Es lassen sich 4 Prozesse unterscheiden: a) Assimilation, b) Elision, c) Geminatenreduktion und d) Schwache Formen.

2. Prozesse

a) Assimilation

Eine Assimilation ist eine Angleichung an benachbarte Laute. Man unterscheidet eine progressive und eine regressive Assimilation:

progressiv: es hat sich gezeigt [ts] statt [tz]
regressiv: gezeigt [kt] Magd [ma:kt]

b) Elision

Eine Elision ist der Ausfall eines Lautes.

Vokal:	reden	[re:dən] → [re:dn]
Konsonant:	Glanz	[glants] → [glans]

c) Geminatenreduktion

Eine Geminate ist ein gleicher Doppelkonsonant

Final:	kommen [kɔmən] → [kɔmm] → [kɔm]
Im Wort:	mitteilen [tt] → [t]
Im Satz:	am Montag [am 'mo:nta:k] → [a'mo:nta:k]

d) Schwache Formen

Im Satzzusammenhang kann eine bestimmte Gruppe von Wörtern eine schwache Form annehmen, wenn sie keinen Akzent tragen. Dazu gehören: Pronomina, Artikel, Präpositionen, Konjunktionen und Adverbien.

1. Schritt: Verkürzung der langen Vokale
2. Schritt: Öffnung der geschlossenen Vokale.

‘der	[‘de:r]	der ‘Mann	[der ‘man]
‘sie	[zi:]	‘Geht sie?	[‘ge:tsɪ]

Ich lass ihn reden. [i:n] → [in] → [ɪn] → [ən] → [n]
...lassn reden [lasn re:dn]

XVIII. ÜBUNGEN + SCHLÜSSEL

I. Vokale

1) Phonetisches Diktat

a) deutsche Wörter (S)

Bad	betrüblich
Boot	Parfum
pikant	verführerisch
Brokat	Telepathie
Fröhlichkeit	Nationalismus

b) m ? n ?

m y: n ɔY	m ɛ n Y
m e: n ø:	m Y n œ
m œ n ə	m ɪ n ɪ
m u: n ʊ	m ə n ʊ
m aʊ n u:	m aɪ n ə

2) Transkription (S)

Goethe war einer der ersten, der die Forderung nach einer reinen Aussprache erhob.
Ausländer sollten zuerst die Hochsprache, dann den Dialekt ihrer Umgebung lernen.
Städtchen, rösten, penetrant, Universität.

II. Konsonanten

1. Phonetisches Diktat (S)

a) deutsche Wörter

Bild	Wange
Arzt	Pflanze
schlank	Fasttag
sacht	Stacheldraht
sagt	Samstagabend

2. Transkription (nur Symbole der Konsonanten) (S)

spitz Jagd vierzig Orchester
Stadttor Ökonomie Pendant Bibliothek
Kunst sanft

Ein Ehemann ist ein Mann, der ein Mann war, bevor er ein Ehemann wurde.
Der Mann hat hauptsächlich deshalb einen Kopf, damit eine Frau ihn verdrehen kann.
Eine Frau benötigt drei Gatten: einen, der sie liebt, einen, der für sie sorgt, und einen dritten, der sie verprügelt.
Erwarte nichts: Heute – das ist dein Leben.

3. Transkription (alle Laute) (S)

Haar hart Fahrt Hohn Huhn
Hund diebisch Viertel Gürtel Prome-
nade Politik Spanien jämmerlich
Bettgeflüster unnachahmlich Modernismus Prädestination
Status

SCHLÜSSEL

I. Vokale

1. Phonetisches Diktat

a) deutsche Wörter

[ba:t]	[bətry:plɪç]
[bo:t]	[parfœ̃]
[pi'kant]	[fɛrfy:rərɪʃ]
[bro'ka:t]	[telepa'ti:]
[frø:lɪçkait]	[natsionalɪsmʊs]

2. Transkription

['gø:tə va:r ʔ'ainər der ʔ'e:rstən der di 'fɔrdərʊɳ na:x ainər 'rainən ʔ'aʊsʃpra:xə ɛr'ho:p.
ʔ'aʊslɛndər 'zɔltən tsʊ'ʔe:rst di 'ho:xʃpra:xə, 'dan den dia'lɛkt i:rər ʊm'ge:bʊŋ 'lɛrnən.
' ʃtɛ:tçən / 'ʃtɛtçən, 'rø:stən, pene'trant, univɛrzi'tɛ:t.

II. Konsonanten

1. Phonetisches Diktat

a) deutsche Wörter

bɪlt	vaŋə
a:rtst	pflantsə
ʃlaŋk	fastta:k
zaxt	ʃtaxəldra:t
za:kt	zamsta:kʔ'a:bənt

2. Transkription (nur Symbole der Konsonanten)

ʃpts	jkt	frtsç	rkstr	ʃtttr
knm	pd	bbltk	knst	znft

n mn st n mn, dr n mn vr, bfr r n mn vrd.
dr mn ht hptzçlç dshlp nn kpf, dmt n fr n frdrn kn.
N fr bntçt dr gtn, nn, dr z lpt, nn, dr fr z zrkt, nt nn drtn, dr z frprglt.
rvrt nçts: ht – ds st dn lbn.

3. Transkription (alle Laute) (S)

ha:r	hart	fa:rt	
ho:n	hu:n	hʊnt	di:bɪʃ fɪrtəl
gYrtəl	promə'na:də	poli'ti:k	ʃpa:niənjɛmɐlɪç
bɛtgəflYstɐ	'ʊnna:x'a:mlɪç		modɛr'nɪsmʊs
prɛ:'dɛstinatio:n		ʃta:tʊs	

Anmerkungen

(1) Bei Logatomen handelt es sich um „Unsinn-Wörter", die in der englischen Phonetik eine große Rolle spielen (nonsense-words).Vgl. dazu Daniel Jones, An Outline of English Phonetics. Cambridge, 8. Aufl. 1956, S. 3f.

(2) Sievers, Grundzüge der Phonetik. 5. Aufl. 1901 und Jespersen, Lehrbuch der Phonetik. Leipzig, 1904.

(3) N.S. Trubetzkoy, Grundzüge der Phonologie. Prag, 1939, gab dieser neuen Betrachtungsweise vorbildlichen Ausdruck.

(4) Untersucht wurden die ersten 100 Laute von Erzählungen aus Deutschland erzählt, hrsg. von Benno von Wiese. Frankfurt, 1962, S. 54, 108, 182.

(5) Vgl. dazu Martin Mittwede, Spirituelles Wörterbuch Sanskrit – Deutsch, 4. Aufl. 2003.

(6) Benno von Wiese, Deutschland erzählt. Frankfurt, 1962, S. 249, 264, 280.

(7) Wilhelm von Scholz, Das Buch des Lachens. München, 1961, S. 108.

Literatur

Duden, Bd. 6 — Ausspracheworterbuch. Mannheim, 2. Aufl., 1974.

Duden, Bd. 4 — Grammatik der deutschen Gegenwartssprache. 1959, (S. 23-76).

Essen, Otto von — Allgemeine und angewandte Phonetik. Berlin, 2. Aufl. 1957.

Frank, Emil — Deutsche Aussprache. Berlin, 1957.

Frey, Evelyn — Kursbuch Phonetik. 1999.

Krech et al. — Wörterbuch der deutschen Aussprache. Leipzig, 3. Aufl. 1971.

Kuhlmann, Walter — Deutsche Aussprache. Freiburg, 7. Aufl. 1963.

MacCarthy, P. — The Pronunciation of German. London, 1975.

Mangold, M. — Laut und Schrift im Deutschen. Mannheim, 1961.

Martens, Carl und Peter — Phonetik der deutschen Sprache. München, 2. Aufl., 1965.

Martens, Carl und Peter — Übungstexte zur deutschen Aussprache. 3. Aufl., 1971.

Rausch, Rudolf und Ilka — Deutsche Phonetik für Ausländer. 2002.

Schwarz, Ernst — Die deutschen Mundarten. Göttingen, 1950.

Siebs, Theodor — Deutsche Aussprache. Berlin, 19. Aufl., 1969.

Sievers, E. — Grundzüge der Phonetik. Leipzig. 5. Aufl., 1901.

Stötzer, Ursula — Deutsche Phonetik. Leipzig, 1970.

Wängler, Hans-Heinrich Atlas deutscher Sprachlaute. Berlin, 2. Aufl. 1961.

Wängler, Hans-Heinrich Grundriss einer Phonetik des Deutschen. Marburg, 2. Aufl., 1967.

Wängler, Hans-Heinrich Rangwörterbuch hochdeutscher Umgangssprache. Marburg, 1963.

Werner, O. Phonemik des Deutschen. Stuttgart, 1972.

Wardale, W.C. German Pronunciation. Edinburgh, 1955.

Weithase, Irmgard Sprechübungen. Köln, 1970.

Weithase, Irmgard Kleines Vortragsbuch. Weimar, 2. Aufl. 1955.

Winkler, Christian Deutsche Sprechkunde und Sprecherziehung. Düsseldorf, 1954.

Zacher, O. Deutsche Phonetik. Leningrad, 1969.